Birma

AF288424

Burma

Myanmar

Eine Reise durch das Land des Lächelns

Zu diesem Buch:

Einen Reisebericht über Burma zu schreiben ist stets eine Gratwanderung zwischen großer Begeisterung für die Menschen und ihrer reichen Kultur auf der einen Seite, und der Ablehnung der menschenverachtenden Politik der Militärdiktatur auf der anderen Seite. Diese Frage muss jedoch jeder vorher für sich selbst beantworten. Wir beschreiben in unserem Buch die Eindrücke einer solchen Reise und möchten unseren Lesern Mut machen, sich auf eine Reise nach Burma einzulassen.

Unsere Reise führt uns zu den großen Sehenswürdigkeiten des Landes. In Yangon besuchen wir die Shwedagon Pagode mit ihrer riesigen vergoldeten Kuppel. Kurz vor unserer Abreise lernten wir den Myanmar Förderverein e.V. aus Saarbrücken kennen, der die Paung Dhaw Oo Klosterschule in Mandalay unterstützt. In dieser Klosterschule leisten wir ein paar Tage „Entwicklungsarbeit" in Sachen Trinkwasserhygiene. Zwischendurch besichtigen wir die Klöster in Mandalay und Mingun sowie die alten Königsstädte Inwa, Sagain und die U-Bein Brücke von Amarapura. Mit Fuhrwerk und Fahrrad besuchen wir die Pagoden von Bagan. Die Reise führt uns weiter in die Berge zum Inle See. Dort lernen wir beim Trekking und bei Ausflügen auf dem See die Menschen und ihr Leben kennen.

Birma

Burma

Myanmar

Eine Reise durch das Land des Lächelns

Von:
Markus Borr und Heike Hoppstädter-Borr

Die Deutsche Bibliothek - CIP Einheitsaufnahme

Birma, Burma, Myanmar - Eine Reise durch das Land des Lächelns /
Markus Borr und Heike Hoppstädter-Borr - Neunkirchen : Books on
Demand GmbH

ISBN   978-3-8391-0614-3

Herstellung und Verlag: Books on Demand GmbH, Norderstedt, 2009

Weitere Infos unter:
http://www.hb-travelreports.de

Inhaltsverzeichnis

Einführung

Birma, Burma, Myanmar. Wie heißt denn nun eigentlich unser Reiseziel? Der Name Burma stammt aus der Zeit, als das Land unter britischer Kolonialherrschaft stand. Dieser Name hat sich im englischen Sprachraum gehalten. Im deutschsprachigen Raum ist das Land oft unter dem Namen Birma bekannt. 1989 wechselte die Militärregierung den Namen in Myanmar. Die von der Militärjunta beschlossene Namensänderung wurde allerdings nicht von allen Staaten angenommen, weil sie ohne Mitwirkung und Einverständnis der Bevölkerung durchgeführt wurde. So hielten unter anderem die USA als Zeichen ihrer Missbilligung des Militärregimes am Namen Burma fest. Wir werden in unserem Buch den Namen Burma verwenden.

Lange hatten wir überlegt, ob wir nach Burma fahren sollten, denn immer wieder steht das Land im Mittelpunkt der internationalen Presse wegen seiner brutalen Militärdiktatur. Wir sind aber der Überzeugung, dass wir der Bevölkerung den größten Dienst erweisen, wenn wir individuell durch dieses Land reisen und auf diesem Weg das Geld, welches wir ausgeben, möglichst bei den Einheimischen ankommt. Wir können so auch den Menschen etwas von unserer Kultur vermitteln und zu Hause von diesem Land berichten.

Vor unserer Reise hatten wir Kontakt zum Förderverein Myanmar e.V. in Saarbrücken aufgenommen. Die Arbeit des Vereins, welcher in Mandalay und Mingun Schulprojekte unterstützt, beeindruckte uns und wir wollten wissen, ob wir vor Ort etwas Nützliches tun können. Da ich als Ingenieur in einem Versorgungsunternehmen arbeite, ergab sich schnell die Möglichkeit, dass wir uns die Trinkwasserversorgung des Schulgeländes anschauen und Vorschläge für sinnvolle bzw. dringend notwendige Änderungen erarbeiten sollten. In Mingun, woher eine Vielzahl der Schüler kommt, war beim letzten Monsun ein Damm gebrochen und hatte erhebliche Schäden im Dorf angerichtet. Daher wurden wir von Herrn Runge, dem Gründer dieses Vereins, gebeten dem dortigen Bürgermeister Vorschläge zur Verbesserung der Situation bzw. zur Reparatur des Damms zu geben. So kam es auch, dass wir uns während unseres Trips durch Burma als Entwicklungshelfer betätigen konnten. Eine ganz neue Erfahrung …

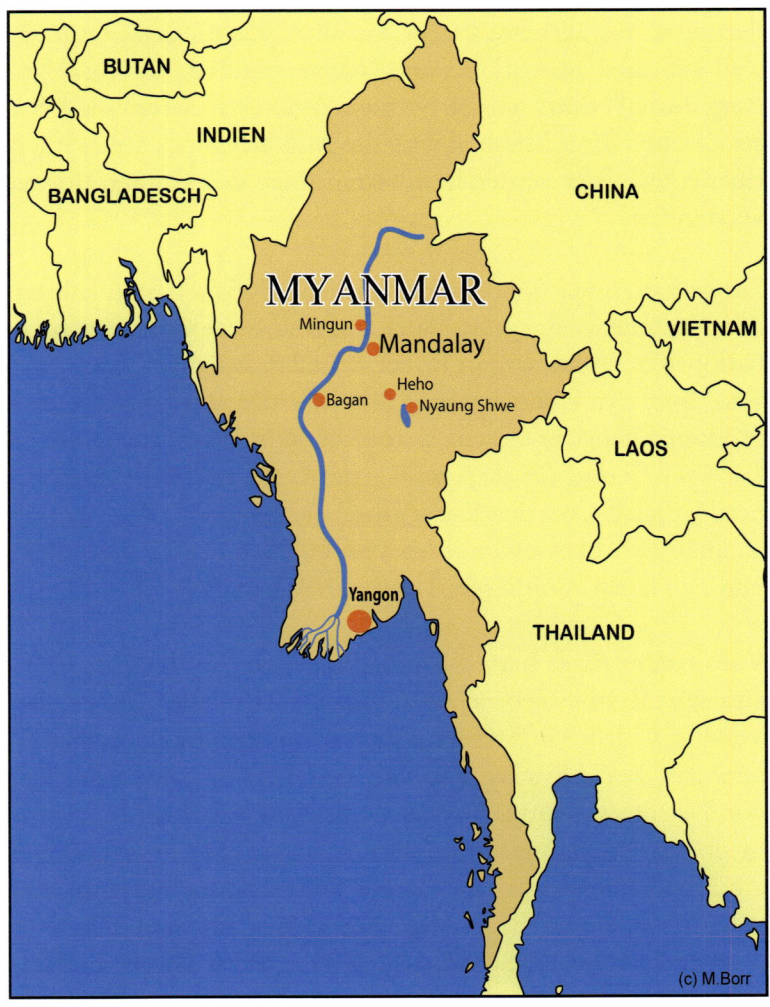

Anreise mit Hindernissen

„Sie können leider nicht mitfliegen". Wir stehen am Check-in-Schalter am Frankfurter Flughafen und die Dame der Thai Airways will uns nicht mitfliegen lassen. Grund ist ein nach ihrer Ansicht gefälschter Eintrag in unserem Visum. Wir sind wie gelähmt und können es nicht fassen. Noch nicht einmal aus Deutschland heraus und schon ist unser seit langer Zeit geplanter Trip zu Ende. Wir schauen uns das Visum an und man kann tatsächlich erkennen, dass an der Jahreszahl des Gültigkeitsdatums jemand mit Tipp Ex manipuliert hat.

Das war uns zu Hause nicht aufgefallen. Bei näherem Betrachten erkennt man, dass sich der Aussteller wohl verschrieben hat, denn das Ausstellungsdatum ist richtig eingetragen. Die Dame am Schalter befragt Kollegen und fragt schließlich ihren Chef, was nun zu tun sei, denn mit falschem Visum dürfen wir nicht mitfliegen. Unser Glück ist es, dass auf einem separaten Formular, welches wir von der Botschaft erhalten haben, das richtige Datum steht. So erreichen wir, dass wir auf eigenes Risiko mitgenommen werden. Wir müssen jede Menge Formulare ausfüllen und unterschreiben, alle Unterlagen werden zigfach kopiert.

Uns fällt ein Stein vom Herzen, als wir dann endlich unsere Tickets inklusive Boarding Card in den Händen halten. Die freundliche Frau von Thai Airways wünscht uns noch eine gute Reise. Super, bis nach Bangkok kommen wir also auf jeden Fall. Laut Aussage des Boarding Chefs der Thai müssen wir eventuell in Bangkok vor dem Weiterflug wieder unser Visum vorzeigen. Wenn wir Pech hätten, würde man uns dort nicht mitfliegen lassen. Da man in Bangkok auf der Botschaft von Burma ein neues Visum beantragen kann, müssen wir im schlimmsten Fall den Flug umbuchen und später weiterfliegen. Wir müssen uns wohl überraschen lassen, wie es weitergeht.

Beim weiteren Einchecken haben wir zum Glück keine Probleme mehr und so sitzen wir dann völlig erledigt und angespannt im Flugzeug und können uns noch gar nicht richtig auf unsere bevorstehende Reise freuen.

In Bangkok haben wir 3 Stunden Aufenthalt. Den neuen Flughafen Suvarnabhumi können wir vor lauter Aufregung gar nicht genießen, da wir nicht wissen, was jetzt passiert. Wir stellen uns an einer langen Schlange vor dem Gate zum Flug nach Yangon an. Endlich sind wir an der Reihe. Wir halten unsere Reisepässe und Tickets hin. Zu unserer Verwunderung prüft die freundlich lächelnde Dame nur unser Ticket und will unsere Reisepässe nicht sehen. Die erste Hürde haben wir erfolgreich genommen, aber richtige Freude kommt nicht auf, da wir ja nicht wissen, was uns bei der Einreise in Burma mit einem „gefälschten" Visum erwartet.

So muss sich also einer fühlen, der etwas Illegales tut. Uns ist richtig schlecht. Das Flugzeug der Thai ist pünktlich in Yangon gelandet und wir stehen in einer einfachen, stinkenden Halle vor den Immigration Schaltern. Schalter ist vielleicht etwas übertrieben. In der Mitte des Raums stehen mehrere Schreibtische aus Holz, hinter denen je vier Personen in Uniform sitzen. Dahinter steht dann ein sich ziemlich wichtig fühlender Soldat. Wenn jemand seine Papiere vorlegt, gehen sie nacheinander durch die Hände dieser Personen und jeder hat etwas Wichtiges im Reisepass einzutragen oder etwas in seinem Stapel Papiere zu notieren. Wenn das mal gut geht.

Nun sind wir dran. Ich hoffe, dass die Beamten nicht an unseren hochroten Köpfen unsere Aufregung erkennen. Der Erste nimmt unseren Ausweis, kontrolliert das Foto und sucht das eingetragene Visum. Dort knallt er einen Stempel drauf und gibt den Ausweis dem Nächsten. Der schreibt die Passnummer in eine riesige Liste, die vor ihm liegt und reicht den Ausweis wiederum weiter. Nun kommen die zwei letzten Beamten dran. Hoffentlich geht das gut! Beide vertiefen sich in unsere Ausweise und vergleichen die Daten aus dem Ausweis mit den zusätzlichen Formularen, welche wir von der Botschaft bekommen hatten. Nach einer uns als unendlich vorkommenden Zeit übergibt uns der eine Herr sogar mit einem Lächeln die Reisepässe und wünscht uns einen „nice day". Den werden wir nun haben …

Wir müssen uns bremsen, dass wir nicht mit großen Luftsprüngen von den Schaltern in Richtung Gepäckausgabe davonlaufen.

Yangon

Nachdem wir nach langem Warten endlich unsere Rucksäcke erhalten, stürzen sich auch schon die ersten Schlepper auf uns, um uns einen Wagen, eine Unterkunft, einen Rundtrip und vieles mehr anzubieten. Immer wieder müssen wir allzu penetrante Schlepper und Gepäckträger sehr deutlich und mit etwas härterem Ton von unseren Rucksäcken vertreiben. Die Preise, die noch im Gebäude genannt werden, sind utopisch hoch. Als wir dann die Halle verlassen sind die Preise für ein Taxi schon deutlich moderater. Wir lassen uns von unserer inneren Stimme leiten und entscheiden uns für einen auf uns sehr sympathisch wirkenden etwas älteren Burmesen. Das Fahrzeug, in das wir dann einsteigen, dürfte in Deutschland nicht einmal auf den Hof einer KFZ-Prüfstelle fahren – der Besitzer würde wohl sofort verhaftet werden.

Erst jetzt haben wir etwas Muße, uns für unsere Umwelt zu interessieren. Unser Fahrer Mr. Zaw, kann zu unserer Verwunderung sehr gut Englisch. Er trägt keine Hose, sondern einen für Männer in Burma üblichen Longyi. Das ist eine bunte Stoffbahn, die mehrmals um die Hüfte gebunden und mit einem Knoten vor dem Bauch fest gezogen wird. Auch auf den Straßen um uns herum sehen wir nur Männer, die diesen Longyi tragen. Der Verkehr ist chaotisch. Zwischen den vielen alten Autos laufen immer wieder Menschen kreuz und quer über die Straße und Radfahrer kommen uns auf unserer Spur entgegen. Oft sitzen mehr als eine Person auf einem Fahrrad. Einen festen Baustil der Häuser können wir nicht erkennen, denn immer wieder wechseln sich hässliche Betonfassaden mit alten verfallenen Häusern im Kolonialstil ab. Dazwischen sehen wir zu unserer Verwunderung überdimensionale Werbetafeln, wie man sie von großen Straßen in Amerika kennt.

"Möchten Sie noch Geld wechseln?", fragt uns unser Fahrer. Er ist ein sehr eifriger Geschäftsmann, denn auf der ganzen Fahrt versucht er uns zu überreden, dass wir mit ihm eine Reise durch Burma unternehmen. Er würde uns auch alle Besonderheiten dieses Landes zeigen und er kenne jede Menge

YANGON

1 Shwedagon Pagode
2 Sule Pagode
3 Botataung Pagode
4 Bagyoke Aung San Markt
5 Theingyi Markt
6 Okinawa Guest House
7 Traders Hotel

Yangon River

(c) M.Borr

Besitzer von schönen Guesthäusern und wir würden unsere Wahl nicht bereuen. Um seine Fähigkeiten zu untermauern, gibt er uns ein kleines Büchlein nach hinten. In diesem haben sich Reisende, welche schon Touren mit ihm unternommen haben, eingetragen und Bewertungen über ihn abgegeben. Wir finden viele Sprachen: Englisch, Spanisch, Italienisch, Französisch und auch sehr viele deutsche Einträge. Viele Reisende haben mehr als eine Seite eingetragen. Sie schreiben, dass sie sehr zufrieden mit ihm waren und wir ihn ohne Bedenken als Fahrer engagieren könnten. Wir bedauern es, dass wir unsere Tour etwas anders geplant haben und nicht mit einem Fahrer das Land bereisen können, da wir wegen der großen Entfernungen schon Inlandsflüge gebucht haben.

Geld brauchen wir aber noch. Da wir jetzt noch nicht die gesamte Geldmenge für unsere Reise wechseln möchten, lassen wir uns darauf ein, fünfzig Euro zu wechseln. Zu diesem Zweck fahren wir in eine kleine Straße abseits der Hauptstraße zu einem Bekannten unseres Fahrers. Der Bekannte entpuppt sich als eine junge Dame, die zu uns ins Fahrzeug steigt. Wir fahren wieder los und so können wir während der Fahrt auf dem Schwarzmarkt Geld wechseln. Wir zählen eifrig die vielen Bündel, die uns die Dame gibt nach und hoffen, dass es sich nicht um Falschgeld handelt. Nach zwei Runden um den Häuserblock haben wir unser Geschäft getätigt, die Dame steigt aus und wir lassen uns von unserem Fahrer zur Sule Pagode fahren.

In einer kleinen Seitenstraße der Pagode liegt unsere Unterkunft, das „Okinawa Guesthouse". Mr. Zaw stoppt sein Taxi vor einem roten Backsteinbau in der 32nd Street. Es ist eine Oase, inmitten der alten vergammelten Häuser, die hier stehen. Der Türbogen ist mit einer Kletterrose zugewachsen. Rechts und links des Eingangs stehen in Kübeln Palmen und blühende Blumen. Mit freudigen Gesichtern kommen schon die Besitzer des Guesthouse aus dem Halbdunkel des Flures heraus und begrüßen uns freundlich. Bevor wir eintreten, werden die Schuhe ausgezogen und auf einem kleinen Teppich am Eingang abgestellt. Nachdem wir uns in ein Buch eingetragen haben, lassen wir uns erschöpft in unserem Zimmer aufs Bett fallen. Wir haben ein Zimmer zu einem ruhigen Innenhof. Nach der Hektik der überfüllten Straßen vom Flughafen in die Innenstadt genießen wir die himmlische Ruhe. Das Zimmer ist mit alten Teakholzmöbeln ausgestattet und sehr sauber. Das Badezimmer mit Toilette ist schon etwas rudimentärer und hat schon seit vielen Jahren keine frische Farbe mehr gesehen. Ein „normales" Klo ist jedoch immerhin noch vorhanden.

Nachdem wir uns etwas ausgeruht haben, hält uns natürlich nichts mehr auf dem Zimmer. Der Magen knurrt und außerdem hat man das Gefühl, irgend etwas zu verpassen. Wir machen uns auf Richtung „Bogyoke Aung San Market", auch als „Scott Market" bekannt. Dieser bereits siebzig Jahre alte und mit über hundert Läden größter Markt in Yangon bietet alles, was das Touristenherz begehrt. Wir suchen den Markt jedoch nicht zum Einkaufen auf, sondern um auf dem dortigen Schwarzmarkt die zurzeit gültigen Wechselkurse zu erfahren.

Wir verlassen unser kühles Guesthouse und laufen in nördlicher Richtung zur Sule Pagode. Sie steht in der Mitte eines großen, sehr stark befahrenen Verkehrskreisels. Von außen erkennt man nur die goldene Kuppel der großen Stupa. Die Pagode wollen wir uns erst später ansehen, und so laufen wir zuerst durch die engen und überfüllten Straßen der Stadt. Überall herrscht reges Treiben von Händlern, die auf dem Bürgersteig ihre Waren ausbreiten und verkaufen. Wer sich vorstellt, dass es sich um einen Bürgersteig wie aus einer europäischen Großstadt handelt, irrt. Unter dem eigentlichen Bürgersteig verlaufen Abwasserkanäle, welche normalerweise mit großen Steinplatten abgedeckt sind. Da aber auf die Wartung dieses Systems verzichtet wird, kann es vorkommen, dass es Löcher von wenigen Zentimetern gibt, bei denen man „nur" schief treten kann, andere jedoch so groß sind, dass man mit dem Bein darin stecken bleibt, oder man komplett darin verschwindet. So können wir uns gar nicht richtig auf die vielen Stände und Menschen konzentrieren, sondern sind ständig damit beschäftigt, nicht zu „verunglücken". Wenn wir uns etwas genauer anschauen möchten, müssen wir stehen bleiben.

Der Bogyoke Aung San Market ist schnell erreicht und so schlendern wir durch diesen riesigen alten Markt. Hier gibt es Kleider, Schuhe, Edelsteine, Schmuck, Schnitzereien, Lackarbeiten, Taschen und vieles mehr. Ständig werden wir auch von Leuten angesprochen, die Geld wechseln möchten. Immer wieder fragen wir nach dem Kurs und schlendern dann gemütlich weiter, um noch weitere Angebote einzuholen. So haben wir bald einen guten Überblick. Wir stellen auch fest, dass der Kurs, den wir heute Morgen im Taxi gezahlt hatten, gar nicht so schlecht war. Da wir am nächsten Tag noch Herrn Pfeiffer von unserer Agentur treffen werden, der uns die Flugtickets und ein paar Übernachtungen besorgt hat, warten wir noch etwas mit dem Tauschen, denn ihn wollen wir auf jeden Fall noch nach dem „richtigen" Wechselkurs fragen.

Der Hunger überkommt uns, als wir an einer kleinen Halle vorbeikommen, wo im Inneren viele kleine Brutzelbuden stehen und Essen verkauft wird. Wir lassen uns schnell von unserer Nase leiten und betreten die Halle. An den Außenseiten haben etwa zehn Familien kleine Garküchen eingerichtet. In der Mitte stehen etwa dreißig kleine Tische mit winzigen Kunststoffhockern Made in China. Als wir die Halle betreten, stürzt sich sofort eine Schar von Menschen auf uns, um uns an ihre Garküche zu leiten. Wir lassen uns jedoch nicht beirren, sondern laufen zunächst an allen Küchen vorbei, schauen uns das ausgelegte Gemüse und die Sauberkeit der jeweiligen Küche an und entscheiden uns schließlich für die sauberste.

Sofort werden wir von einem jungen Mädchen zu einem winzigen Tisch mit noch winzigeren Hockern geführt. Für das Gewicht eines normalen Mitteleuropäers sehen die nicht sehr vertrauensvoll aus. Wir setzen uns, und die Stühle halten uns zum Glück auch aus. Zu unserer Verwunderung spricht das Mädchen auch Englisch und so ist es für uns sehr einfach „Fried Rice" und „Sweet and Sour vegetables" zu bestellen. Für umgerechnet einen Euro fünfzig bekommen wir zwei riesige Teller mit leckerem Essen. Während des Essens bleibt das junge Mädchen neben uns stehen und fächelt uns ständig frische Luft zu. Dies ist doch etwas ungewohnt für uns. Da sie aber Spaß dabei hat, lassen wir sie gewähren und lächeln ihr immer wieder freundlich zu.

Frisch gestärkt laufen wir nun zurück zur Sule Pagode. Um sicher über die dreispurige Straße zu gelangen, benutzen wir eine der Fußgängerbrücken, welche hinüber zur Pagode führen. Es ist schon beeindruckend, wie das Gold der knapp fünfzig Meter hohen, achteckigen Stupa im Sonnenlicht glänzt. Im reich verzierten Osteingang, am Fuße der Treppen zur Hauptplattform, ziehen wir die Schuhe aus und stellen diese für ein kleines Trinkgeld bei einer Blumenverkäuferin unter. Als Dank bekommen wir von ihr sogar noch eine Blume geschenkt.

Oben im inneren Bereich ist von dem hektischen Treiben und lautem Autoverkehr der Stadt nichts mehr zu hören. Hier herrscht Stille, die nur durch das Bimmeln von kleinen Glöckchen im Wind unterbrochen wird. Die kleinen Tempel um die Pagode sind am unteren Teil mit sehr einfachen weißen Kacheln gefliest. Die Dächer sind jedoch mit vergoldeten Simsen und kleineren Pagoden übersät. Zwischen den einzelnen Hallen stehen immer wieder Figuren, die von den Pilgern, die sich hier aufhalten, aufgesucht und verehrt werden. Im äußeren Bereich der Pagode befindet sich eine Vielzahl von kleinen Geschäften, angefangen vom Buchhändler, Astrologen oder Handleser bis hin zum Fotografen für das Pilgerfoto.

Immer wieder befinden sich Buddhafiguren in den Nischen oder in den kleinen Tempeln um die Pagode. Uns wundert es, welche Geldmengen sich in den durchsichtigen Opferkörben vor den Statuen befinden. Nach der ersten Umrundung setzen wir uns in eine Ecke und verfolgen die Rituale der Pilger und genießen diese Stille.

Diese sollte aber nicht lange dauern, da sich sofort zwei junge Mönche zu uns setzen, welche gerne ihr erlerntes Englisch an den Mann und die Frau bringen wollen. Die Zwei tragen ein rotes Mönchsgewand, haben einen kahl geschorenen Kopf und ein Lachen bis zu den Ohren. Die Verständigung ist jedoch sehr schwierig, da sie zwar sehr viele Vokabeln kennen, diese jedoch in einer Art und Weise aussprechen bzw. betonen, dass man sie nicht versteht.

Da Heike immer noch die Blume unserer Schuhstation in der Hand hält und die Mönche denken, sie hätte sie als Opferblume gekauft, zeigt ihr einer der Mönche an welchem der Tempel sie diese Blume niederlegen muss. In dieser Zeit erfahre ich von dem anderen, dass sie beide aus einem kleinen Dorf im Süden des Landes sind und hier in Yangon die Klosterschule besuchen. Wir unterhalten uns bestimmt noch eine Stunde mit den zwei Mönchen und genießen die Atmosphäre in der Pagode. Nun merken wir doch, dass wir schon viele Stunden auf den Beinen sind. Wir laufen die wenigen Meter zu unserem Guesthouse und legen uns ein wenig aufs Ohr.

Als wir wach werden, wissen wir nicht so recht warum. Ob es der Lärm ist, den die neu ankommenden Gäste machen, oder das Grummeln des Magens. Der wahre Grund ist uns erst einmal egal und wir machen uns auf, dem Bedürfnis unseres Magens nachzukommen. Hunger überkommt uns. Es ist schon dämmrig, als wir uns in den Gassen der Stadt etwas zum Essen suchen. Das Bild der Straßen hat sich nun etwas geändert. Während heute Nachmittag noch viele Händler mit allem möglichen Krimskrams auf der Straße zu sehen waren, haben nun die Händler der Essensstände die Oberhand.

In der Anawrahta Rd. werden wir fündig. Wir sind die einzigen Ausländer, die den mit grünen Fliesen gekachelten Raum betreten. Mit großen Augen werden wir von den Einheimischen angeschaut. Wir sind sicherlich die ersten Ausländer, die sich hierher wagen. Wir setzen uns an einen kleinen Tisch und bekommen auch gleich eine Speisekarte gereicht. Leider ist diese nur in der burmesischen Kringelschrift geschrieben und so für uns nicht lesbar. Nach ein paar Handzeichen unsererseits, dass wir die Karte nicht lesen können, findet der Besitzer einen netten Burmesen auf der Straße der Englisch spricht. Wir bestellen Masala Dosa, eine Art Pfannkuchen mit würziger Kartoffelfüllung und eine typische burmesische Fischsuppe namens Mohinga. Ganz schön mutig für den ersten Tag. Das Essen schmeckt recht lecker und wir hoffen, dass wir es auch gut vertragen werden.

Draußen ist es schon dunkel geworden. Weniger Menschen sind deshalb nicht auf der Straße. Überall sind die Einheimischen unterwegs, um etwas zu essen zu kaufen oder Handel mit demselben zu treiben. Wir genießen den Trubel und laufen zurück zur Sule Pagode. Der goldene Chedi, der nachts angestrahlt wird, ist schon von Weitem zu erkennen. Heute Abend sind sehr viel mehr Menschen auf der oberen Plattform der Pagode. Wir schlendern mehrmals im Uhrzeigersinn mit den Gläubigen um die Pagode und als wir uns in eine Ecke setzen möchten, werden wir wie am Nachmittag angesprochen. Nur diesmal handelt es sich nicht um burmesische Mönche, sondern um einen Thailänder aus Chiang Mai, der hier in Yangon arbeitet. Nach einer kurzen Unterhaltung mit ihm verabschieden wir uns, denn die Müdigkeit überkommt uns wie mit einem Paukenschlag. Wir laufen die wenigen Meter zurück zu unserem Guesthouse und fallen müde in unsere Betten.

Zweiter Tag in Yangon

Frühstück gibt es im ersten Stock und wir steigen die dunkle knarrende Holztreppe nach oben. Auf dem Flur zu den Zimmern hier auf der Etage steht ein kleiner Holztisch. Auf der einen Seite ein kleines Sofa und drum herum schwere Holzstühle aus Teakholz. Auf der Fensterbank, so wie auf dem Tisch und auf dem kleinen Schrank neben der Treppe stehen kleine Vasen mit weißen Orchideen. Von draußen hört man gedämpft die erwachende Stadt. Es gibt ein sehr reichliches Frühstück mit Toast, Marmelade, Klebreis, Rettich und Papaya. Wir genießen die frischen Früchte und lassen uns so richtig Zeit, denn wir haben uns erst um neun Uhr mit Herrn Pfeiffer im Traders Hotel verabredet.

Auf dem Stadtplan ist das Hotel schnell gefunden. Es liegt an der Sule Paya Rd. nördlich der gleichnamigen Pagode. Die Straßen sind heute Morgen total überfüllt. Die Sule Paya Rd. ist doch sichtlich moderner als die Straßen, durch die wir bisher gekommen sind. Hier gibt es Shopping Malls, Autohäuser und überdimensionale Werbeplakate. Das etwa zwanzigstöckige Traders Hotel, welches von Weitem nicht zu übersehen ist, gehört zu den Top- Adressen in Yangon. Hier steigen die „Oberen Tausend" von Burma ab, Geschäftsmänner, Regierungsmitarbeiter und hin und wieder kann man hier Diplomaten aller Herren Länder treffen. Diplomaten wollen wir nicht treffen, sondern Herrn Pfeiffer zur Übergabe unserer Flugtickets und Hotelvoucher. Als wir in die Lobby treten, verschlägt es uns fast die Sprache. Vergessen sind die schmutzigen und kaputten Bürgersteige, die alten verfallenen Autos, die klapprigen Fahrräder und der Lärm der Straßen von Yangon. Direkt hinter den großen Glaseingangstüren, die uns ein netter Boy geöffnet hat, blendet uns weißer Marmor. In der zweigeschossigen Lobby steht in der Mitte ein riesiger Weihnachtsbaum, denn in vier Wochen ist Weihnachten.

Es befremdet uns schon etwas. Dreißig Grad, buddhistisches Land und dann ein Tannenbaum. Wir schauen uns etwas um, aber Herr Pfeiffer ist noch nicht da. An der Rezeption fragen wir nach und setzten uns an einen der kleinen Tische in der Lobby. Hier sitzen wir nun in großen Korbsesseln und können es nicht fassen, wie unterschiedlich die Welt nach wenigen Metern geworden ist. Erst jetzt bemerken wir, dass im Hintergrund englische Weihnachtslieder laufen: Back to the civilisation.

Mit einem freundlichen "Guten Morgen" werden wir aus unserem Staunen gerissen. Herr Pfeiffer hat uns gefunden und setzt sich zu uns. Er ist uns sofort sympathisch. Wir kennen ihn ja bisher nur von den vielen Mails, durch die wir uns bisher verständigt haben. Wir unterhalten uns, als wenn wir uns schon einige Jahre kennen würden. Wir überschütten ihn mit Fragen, die er auch gerne beantwortet. Zwischendurch bestellen wir bei einer herbeigeeilten Kellnerin einen Kaffee und ein Croissants. Oh wie dekadent. Wir erfahren den Wechselkurs Kyat zu Dollar und dass wir gestern zu einem guten Kurs gewechselt haben.

Er empfiehlt auf jeden Fall nur in Läden oder an Ständen zu wechseln, nicht irgendwo auf der Straße, wo der Wechsler jederzeit verschwinden kann. Wir erhalten von ihm die Flugtickets und Hotelvoucher und bezahlen sie bei ihm in bar. Endlich sind wir mal einen Batzen des Bargeldes los, welches wir dabei haben. Er gibt uns Tipps zu unseren späteren Zielen und möchte uns gerne nach unserem Trip wieder treffen, um unsere Eindrücke und Bewertungen von den gebuchten Unterkünften zu erfahren. Zum Abschied schenken wir ihm noch eine Schachtel Weihnachtsgebäck aus Deutschland. Obendrauf gibt es noch eine Packung Zwieback, die er sich in einer Mail vor ein paar Wochen gewünscht hatte. Mit viel Gelächter nimmt er das Geschenk an und wir verabschieden uns bis in drei Wochen.

Draußen ist es schon richtig warm geworden. Wir laufen zu der großen Kreuzung vor dem Hotel, denn wir möchten auf die andere Straßenseite zu dem Internetcafé, welches uns Herr Pfeiffer empfohlen hat. Wir sind heute Morgen die einzigen Gäste und nach Aussage des Angestellten des Cafés würde das Internet auch heute Morgen funktionieren. Wir setzen uns an einen der alten Computer, die hier stehen und haben Glück. Wir sind drin. Denn selbstverständlich ist es nicht, in Burma einen Internetzugang zu bekommen. Ständig sperrt die Regierung Internetseiten, die ihnen nicht genehm sind, oder legt gleich das ganze Netz lahm. Sie hat Angst, dass die Bürger zu viel von dem erfahren was in der Welt passiert oder umgekehrt die Welt erfährt, was in Burma passiert. Das führt dazu, dass Touristen nicht auf ihre lieb gewonnenen Emails zugreifen können. Wir schreiben schnell eine Mail nach Hause, erzählen, dass wir gut angekommen sind, sowie unsere ersten Eindrücke in diesem fremden Land. Für die wenigen Minuten zahlen wir nicht mal einen halben Dollar und brechen auf, um die Stadt zu erkunden.

In den alten Straßen westlich der Sule Pagode erleben wir, wie multikulturell die Stadt ist. Hier leben viele Muslime, Hindus und Chinesen. So überrascht es uns nicht, dass wir im indischen Viertel den hinduistischen Sri Kali Tempel finden. Der Tempel steht an einer Straßenecke der Anawrahta Rd. Auf den reich verzierten Simsen des circa zehn Meter hohen pyramidenähnlichen Tempels stehen so viele farbenprächtige Figuren, dass es fast nicht möglich ist, sie alle zu betrachten. Es sind Frauen, Männer, Götter, die in den unterschiedlichsten Posen in alle vier Himmelsrichtungen schauen. Mal haben sie edle Gewänder an, tragen einen Lendenschurz oder sind völlig nackt. Da heute Morgen sehr viele Gläubige anwesend sind, verzichten wir darauf das eigentliche Tempelgelände zu betreten und beobachten das Treiben, welches sich im Innern abspielt, durch die Gitterstäbe der Zaunanlage, welche das Tempelgelände umgibt.

Weiter geht es zum chinesischen Viertel. Hier erkennen wir, dass die Chinesen zu den fleißigsten Händlern der Welt gehören. Das Warenangebot ist um einiges vielfältiger als bisher. Von billigen Importwaren aus Kunststoff bis hin zu den beliebten Singvögeln gibt es hier alles zu kaufen. Es ist unvorstellbar, wie viele Waren in den nur wenigen Quadratmeter großen Läden zum Verkauf angeboten werden. Interessant sind die burmesischen Telefonzellen. Das ist oft nur ein Tisch, der mitten auf dem Bürgersteig steht, ein aufgespannter Sonnenschirm und ein Telefon, welches durch eine abenteuerliche Drahtverbindung mit dem öffentlichen Telefonnetz verbunden ist und eine Person, die sofort bar kassiert. Die Menschen, die telefonieren möchten, stehen so mitten auf dem belebten Bürgersteig, stecken sich einen Finger ins Ohr und sprechen gut hörbar für alle vorbeigehenden Passanten mit ihrem Gesprächspartner am anderen Ende der Leitung.

Auf dem verfallenen Bürgersteig sitzen die Frauen und verkaufen Obst und Gemüse. Vor ihnen auf großen, selbst geflochtenen, flachen Körben liegen Orangen, Äpfel, kleine und große Chilis, Gurken, Brokkoli, Blumenkohl, Salat, Zucchini, Rüben und vieles mehr. Das Gemüse macht auf uns einen sehr leckeren Eindruck, ganz im Gegensatz zu dem Fleisch, das in offenen Metzgereien in der Sonne liegt. Die hygienischen Umstände in diesen Metzgereien bestätigen uns in der Entscheidung möglichst auf Fleisch in Burma zu verzichten.

Die Menschen sind sehr freundlich und neugierig, wenn wir als Ausländer durch die engen Gassen schlendern, an ihren Ständen stehen bleiben, die Waren näher betrachten und hin und wieder ein Foto von ihnen machen. Viele Frauen tragen weißes Tanaka im Gesicht. Tanaka so heißt die Paste, deren Herstellung jede Burmesin beherrscht. Die Wurzel des Tanakabaums wird mit einem Schleifstein zerrieben und diese Masse mit Wasser angerührt. Diese Paste wird dann auf

Wangen, Stirn und Nase verteilt. Sie dient zum Schutz vor der Sonne und soll die Haut geschmeidig halten. Oft wird in die weiße Fläche, die beim Trocknen der Paste entsteht, ein schönes Muster hineingezeichnet, wie beispielsweise das einer Blume oder eines Blattes.

Wir kaufen an einem der vielen Stände eine Flasche Wasser und setzten uns in den kühlen Schatten eines alten Baumes in der Nähe der Sule Pagode. Als nächstes Ziel möchten wir uns die Botataung Pagode im Osten der Strand Road anschauen. Nach einiger Zeit der Recherche im Stadtplan entscheiden wir uns die etwa zwei Kilometer zur Pagode nicht mit dem Taxi zu fahren, sondern die Strecke zu Fuß zu bewältigen. Unmittelbar südöstlich der Sule Pagode liegt der Mahabandoola Park. Dieser gleicht einer kleinen Oase inmitten der geschäftigen Stadt. Leider hat er seine schönsten Zeiten schon hinter sich, denn einen sehr gepflegten Eindruck macht er nicht auf uns. In der Mitte des Parks steht das markante Unabhängigkeitsdenkmal, ein sechsundvierzig Meter hoher Obelisk. Wir halten uns nicht lange auf und verlassen den Park in Richtung Hafen.

Auf dem Weg zur Strand Rd. laufen wir an schönen Gebäuden aus der Kolonialzeit vorbei. Einige Häuser, vor allem wenn es sich um Banken handelt, sind in sehr gutem Zustand. Dazwischen stehen leider auch Häuser, an denen der Zahn der Zeit nagt. Vergilbte Fassaden, kaputte Fenster und abgeplatzter Verputz. In der Strand Rd. angekommen erreichen wir auch schnell das 1901 erbaute Strandhotel. Es gehörte damals zu den ersten Luxushotels in Südostasien. Heute ist es immer noch eine Top- Adresse , was man unschwer an den teuren europäischen Luxuskarossen vor dem Eingang erkennen kann. In den anschließenden Gebäuden residieren heute die Botschaften von Australien und Großbritannien. Wir laufen weiter in östlicher Richtung. Hier stehen nun keine Prachtbauten mehr, sondern der Weg ist gesäumt von alten

Lagerhallen und verfallenen Gebäuden. Interessant sind die kleinen Geisterhäuser, die hier an vielen Bäumen aufgestellt sind. Diese sollen Glück im Straßenverkehr bringen, was bei der Fahrweise der Burmesen sicherlich sinnvoll und notwendig ist. Endlich erreichen wir den Abzweig zur Botataung Pagode. Das letzte Stück unseres Weges hat sich dann doch gezogen wie Kaugummi. Ob es die langweilige Strecke entlang der mehrspurigen lauten Straße oder die Hitze war? Keine Ahnung, ist uns auch egal, denn wir sind endlich angekommen.

Der Name Botataung bedeutet tausend Offiziere. Der Legende nach begleiteten diese die Reliquien Buddhas, als sie vor über zweitausend Jahren aus Indien hierher an Land gebracht wurden. Die ursprüngliche Pagode wurde während des Zweiten Weltkrieges komplett zerstört und in sehr ähnlichem Stil wieder aufgebaut. Man fand bei den Aufräumungsarbeiten unter anderem einen kleinen goldenen Stupa, der ein Haar Buddhas enthielt. Dieser ist mit vielen anderen Reliquien hier ausgestellt. Das Besondere an dem vierzig Meter hohen Chedi ist, dass er hohl ist und die Besucher in das Innere eintreten können. Auf der Spitze des Chedi befindet sich eine Windfahne mit Diamanten. Vor dem eigentlichen Eingang steht rechter Hand ein Holzverschlag, wo wir unsere Schuhe abgeben und den Eintritt bezahlen müssen.

Inzwischen steht die Sonne fast senkrecht über uns und erhitzt die weißen Marmorplatten so stark, dass wir uns fast die Fußsohlen verbrennen. Wir sind immer wieder froh, beschattete Flächen zu finden. Die offene Eingangshalle zum Chedi wirkt auf uns wie in einem Märchen. Die Flächen der Wände und der Säulen sind über und über mit Mustern aus Glas, grünen Kacheln und Gold bedeckt. Die Wände des Treppenaufgangs zum Inneren des Chedi, sind komplett aus Gold. Vor jeder Säule des Raums steht eine Glasvitrine, die als Donation Box fungiert. Die einheimischen Besucher der Pagode werfen, bevor sie das heilige Innere betreten, ihre Spenden dort hinein. Der schmale Gang, der uns zu den heiligen Reliquien führt, ist vom Boden bis zur Decke mit Blumenmustern verziert, welche mit Blattgold belegt wurden. Im unteren Bereich sind die wertvollen Wandverzierungen durch Glasscheiben geschützt. Es ist ergreifend und das viele Gold hüllt unsere Umgebung in ein gelbes Licht.

Nun heißt es erstmal sich in die Schlange zu stellen. Denn so wie wir möchten viele Einheimische einen Blick auf die kleine goldenen Stupa, die das Haar Buddhas enthält, erhaschen. Durch ein kleines Fenster haben wir kurz Zeit für einen Blick ins Innere des Raumes. Er ist über und über mit Gold bedeckt und in der Mitte steht die kleine Stupa. Davor liegt ein riesiger Haufen Geldscheine, denn jeder Besucher lässt eine Spende hier zurück. Wir laufen weiter den Gang entlang, der sich wie ein Labyrinth durch das Innere des Chedi windet. In kleinen Zwischenräumen sind hinter eisernen Gittern und Glasscheiben weitere Heiligtümer zu betrachten. Da sind Schmuckstücke aus Silber, Figuren aus Marmor und Jade, sowie Minipagoden und Buddhas aus Gold. Für manchen Besucher sind jedoch, so haben wir den Eindruck, die roten Haare von Heike sehenswerter als die vielen Heiligtümer in den Vitrinen. Immer wieder stecken sie die Köpfe zusammen, um danach interessiert Heikes Haare zu betrachten.

Draußen im Eingangsbereich setzen wir uns in eine Ecke, um uns etwas auszuruhen und einen großen Schluck aus unserer Wasserflasche zu nehmen. Es ist inzwischen ganz schön heiß geworden und so genießen wir unser schattiges Plätzchen in der Eingangshalle. Es ist wie immer - kaum sitzen wir gesellt sich auch schon jemand zu uns. Es sind zwei junge Mönche, die uns interessiert mustern. Die etwa sechs und zehn Jahre alten Jungen tragen nicht wie die anderen Mönche, die wir bisher gesehen haben, einen roten Umhang sondern einen orangenen. Schüchtern, aber neugierig schauen sie uns immer wieder an. Das Eis ist erst gebrochen, als ich ein Foto von ihnen mache und sie sich im Display der Digitalkamera betrachten können. Sie sind so begeistert davon, dass sie sich noch einige Male fotografieren lassen und immer wieder das Bild sehen möchten. Wir verabschieden uns von den zwei und machen uns auf, die weiteren Gebäude der Anlage zu besichtigen.

Über das große Wasserbecken an der Südseite der Anlage führt ein reich verzierter Steg. Von diesem Steg aus füttern die Gläubigen die Schildkröten und Fische, die sich im grünen Wasser tummeln. Im Wasser stehen ziemlich kitschig aussehende Lotusblumen aus Holz. Auf der einen Seite des Beckens ist das Geländer mit einer großen grünen Schlange verziert.

Zum ersten Mal auf unserer Reise sehen wir auch Nonnen, die es in großer Anzahl in Burma gibt. Sie fallen sofort auf durch ihre kahl geschorenen Köpfe und rosa Gewänder. Meist liegt auf einer ihrer Schultern ein gelbes, gefaltetes Tuch. Es mutet schon etwas seltsam an, junge Frauen mit so kahl geschorenen Köpfen zu sehen. An der Ostseite der Anlage stehen einige zum Innenhof offene Hallen, in denen verschiedene Buddhafiguren verehrt werden. Immer wieder fallen uns die völlig mit Geld überfüllten Opferboxen auf. Hier werden wirklich Unsummen von Geld gespendet. Der Buddhismus hier unterscheidet sich total von dem in Nepal, Tibet oder Ladakh. Dort wird zwar auch gespendet, jedoch bei weitem nicht so viel wie hier. Die Krönung bei der ganzen Spenderei hier in den Hallen ist eine Figur und viele kleine Schüsseln auf einem großen Tisch, der in einer Ecke steht. Davor steht in einem Abstand von etwa zwei Metern ein kleiner Holzzaun. Vor diesem Holzzaun stehen dann die Gläubigen und versuchen ähnlich wie auf einer Kirmes beim Ringe werfen, Geldscheine und Münzen in die Schüsseln zu werfen. Das Treffen der Schüsseln soll Glück bringen. Nur wenige treffen beim ersten Mal eine der Schüsseln und so passiert es, dass hier so lange geworfen wird, bis wenigstens einmal getroffen wurde. Das bedeutet natürlich, dass hier um die Figuren jede Menge Geld liegt, dass dann später von den Mönchen eingesammelt wird.

In einer weiteren großen Halle mit einer wunderschönen Holzdecke steht an der Stirnseite eine große Buddhafigur. Die Gläubigen kommen hier herein und stecken Räucherstäbchen in große Sandschalen und verbeugen sich mehrmals. Dann setzen Sie sich auf den weißen Marmorfußboden und verbringen einige Zeit im stillen Gebet. Wir setzen uns in eine Ecke der Halle, um die Gläubigen nicht zu stören und verfolgen interessiert, was so geschieht. Als wir hier endlich mal zur Ruhe kommen, bemerken wir auch, dass wir schon zwei Uhr haben und sich unser Magen zu Wort meldet. So brechen wir auf, um nochmals in der Nähe des Scott Market etwas zu essen. Ein Taxi vor der Pagode ist schnell gefunden. In einer kleinen Brutzelbude essen wir leckeren Reis mit Garnelen und gebratenes Gemüse.

In der Nähe der Sule Pagode werden wir angesprochen, ob wir Geld wechseln möchten. Da der junge Mann sehr sympathisch und wenig aufdringlich ist, verhandeln wir ein wenig und bekommen einen super Wechselkurs. Wir werden gebeten, mit in ein Geschäft zu kommen. Ein weiterer Mann kommt hinzu und wird dann gleich wieder weggeschickt, wohl um das Geld zu besorgen. Wir setzen uns auf Stühle etwas abseits und warten, dass er wieder zurückkommt. Nach etwa fünf Minuten kommt er zurück und übergibt uns viele dicke Bündel. Bevor wir ihnen unsere Dollars geben, zählen wir in aller Ruhe die Bündel nach. Das dauert fast zehn Minuten. Zu unserer Verwunderung stimmt die Anzahl ganz genau. Nun übergeben wir unsere Dollars. Jeder Schein wird von ihnen eingehend geprüft. Einer der Scheine hat einen kleinen Knick in der Ecke und alle haben eine leichte Falte, da wir sie im

Geldbeutel transportiert hatten. Wir wussten schon vorher, dass es sehr schwierig werden kann, wenn Geldscheine beschädigt sind, einen Knick haben, oder sogar etwas darauf gemalt oder geschrieben ist. Nicht einen Makel dürfen die Scheine haben. Am besten man bestellt völlig neue Scheine bei seiner Bank. Wegen des Knicks in dem einen Schein diskutieren die Zwei sehr angeregt. Man erklärt uns, dass sie nachfragen müssen, ob sie ihn annehmen können. Der eine Mann, der schon vorher das Geld holen war, verschwindet wieder kurz und kommt mit einem Lächeln zurück. Der Tausch geht klar. Wir einigen uns sogar mit ihnen, dass wir, wenn wir am Ende unserer Tour Geld übrig haben, auch zurück in Dollar tauschen können.

So, nun machen wir uns auf, die wohl interessanteste Sehenswürdigkeit in Yangon zu besuchen, die Shwedagon Pagode. Ein Taxi ist schnell gefunden, und so fahren wir rechtzeitig vor dem Sonnenuntergang zu dem Highlight des Tages. Schon von Weitem erkennen wir die fast einhundert Meter hohe Kuppel der Pagode. Am Fuße des Osteingangs der Anlage endet unsere Fahrt. Hier ist Chaos pur. Hunderte von Pilgern belagern die Stände, die hier Buddhafiguren, Puppen, Schirme, Ketten, Amulette, Bilder und vieles mehr verkaufen.

Als wir aus dem Auto aussteigen, stürzen sich sofort Kinder auf uns, die uns Tüten verkaufen möchten, in denen wir unsere Sandalen verstauen können. Grund dafür ist, dass man innerhalb der Pagode sich nur barfuß bewegen darf. Wir wollen jedoch nicht die ganze Zeit die Tüten tragen und verstauen die Sandalen im Rucksack. Da uns die traurigen Augen der Kinder doch etwas mitnimmt, da wir keine Tüten gekauft haben, schenken wir ihnen ein paar Luftballons, die sie gerne annehmen.

Vor uns liegt ein riesiger überdachter Treppenaufgang, der uns hoch auf die oberste Plattform der Pagode führt. Die Dachkonstruktion des Aufgangs ist eine Augenweide. An den reich mit Ornamenten verzierten goldenen Stützen und den mit Schnitzereien verzierten Deckenkonstruktionen erkennen wir sofort, welchen Stellenwert diese Anlage im Leben der Menschen einnimmt. Rechts und links des Aufgangs gibt es eine Vielzahl von Geschäften für die Pilger. Immer wieder bleiben die Menschen stehen und betrachten uns. Wie immer sind die roten Haare von Heike etwas Besonderes und ziehen die Blicke der Frauen magisch an.

Am Ende der hundertundacht Stufen wird man förmlich von dem vielen Gold erschlagen, welches einem in der Sonne entgegenblinkt. In der Mitte der Plattform, umgeben von einer Vielzahl kleiner Pagoden, erhebt sich die riesige, goldene zentrale Stupa. Die Stupa ist dreigeteilt: der untere Teil besteht aus achteckigen, sich nach oben verjüngenden Terrassen. Darüber folgt ein kugelförmiger Bereich, der mit Blütenornamenten geschmückt ist. Den oberen Abschluss bildet ein mit Edelsteinen besetzter Schirm. Er soll über dreihundert Kilogramm Gold und mehr als sechsunddreißigtausend Edelsteine enthalten. Wir wissen nicht, wo wir zuerst hinschauen sollen. Zum einen sind es die vielen Pilger, die den Stupa im Uhrzeigersinn umkreisen, Kerzen aufstellen, sich niederknien und beten. Zum Anderen ist es die für uns so fremde und faszinierende Architektur. Wir reihen uns ein in die Schar der Pilger und beginnen mit der Umrundung der Stupa. Auf der Außenseite der Anlage stehen viele kleine Stupas und Gebetshallen. Überall sitzen Menschen und sind tief im Gebet versunken. Auf der Westseite angekommen suchen wir uns eine ruhige Ecke und genießen den überwältigenden Blick auf die von der tief stehenden Sonne angestrahlten goldene Kuppel. Alleine die vielen kleinen Stupas, welche rund um die Große angeordnet sind, sind schon sehenswert. Keine gleicht der anderen. Weiße, braune, goldene, kleine und große. Einzig die goldenen Spitzen und Schirme haben sie gemeinsam. In jeder Stupa befindet sich eine heilige Figur. Auch hier gleicht keine der anderen. Immer wieder sehen wir Pilger, die nur an bestimmten Figuren Opfer niederbringen. Ein System ist für uns nicht zu erkennen.

Es macht uns richtigen Spaß, hier zu sitzen und die Atmosphäre in uns aufzusaugen, vor allen Dingen das freundliche Lächeln der Menschen, wenn sie beim Vorbeigehen stehen bleiben und uns interessiert betrachten. Immer wieder stehen wir auf, gehen ein paar Meter weiter, lassen uns wieder nieder und betrachten das Schauspiel, welches sich vor uns abspielt. Lachen müssen wir, als wir unsere zwei Mönche vom Abend zuvor, die wir an der Sule Pagode kennen gelernt haben, hier wieder treffen. Sie haben wieder neue „Opfer" gefunden. Sie laufen heute mit einem kanadischen Pärchen um die Pagode und erklären ihnen die Tempelanlage. Nach einem kurzen Plausch verabschieden wir uns wieder von ihnen und wünschen ihnen noch viel Spaß beim Englisch lernen. Mit einem breiten Grinsen winken sie uns zu und verschwinden in die nächste Gebetshalle.

Interessant ist auch die Putzkolonne, die für die Sauberkeit des weißen Marmorfußbodens zuständig ist. Sie besteht aus einer Gruppe von circa zehn bis fünfzehn Personen, die sich in einer Reihe nebeneinander aufstellen, mit breiten Fegern bewaffnet ist und zusammen mit den Pilgern die Stupa umrunden. Es sind alles Freiwillige, die durch ihr Tun Buddha etwas näher kommen möchten. Je niedriger und schmutziger die Arbeit ist, umso höher wird sie bewertet. Das hat zum Beispiel zur Folge, dass es beim Reinigen der Toilettenanlage keinen Mangel an Freiwilligen gibt.

Tausende von Fotomotiven tun sich vor uns auf. Man muss sich beherrschen, um nicht ständig durch den Sucher zu schauen und Fotos zu machen. Schließlich möchten wir diesen heiligen Platz nicht nur durch den Sucher eines Fotoapparats erleben. Jedoch ergeben sich durch die verschiedenen Sonnenstände immer wieder neue Bildstimmungen, die man ablichten möchte. So wirkte die Oberfläche der Stupa zuerst kräftig golden, um später beim Sonnenuntergang tiefrot zu glühen. Inzwischen ist es dunkel geworden und die ganze Anlage wird durch riesige Scheinwerfer angestrahlt. Wir können uns gar nicht sattsehen.

Apropos satt. Urplötzlich ist es wieder da, das Gefühl des Hungers. Inzwischen ist es schon fast neun Uhr geworden. Wir waren so fasziniert von den vielen Eindrücken, die wir hier erlebten, dass wir die Zeit völlig vergessen haben. Über den Südaufgang verlassen wir die Anlage und suchen ein Taxi, was sich aber als sehr schwierig gestaltet. Denn wir sind nicht die Einzigen, die um diese Zeit zurück in die Stadt möchten. Immer wieder fahren zwar Taxis vor, jedoch haben wir kaum eine Chance, Eins zu ergattern. Nach vielen Anläufen schaffen wir es dann doch, eines dieser heiß begehrten Taxis zu bekommen. In den Gassen des Scott Market finden wir einen kleinen Thai, wo wir leckeres Chicken in Panang Curry und gebratenes Gemüse zu uns nehmen. Nun wird es aber wirklich Zeit ins Bett zu gehen, denn Morgen wollen wir nach Mandalay fliegen. Durch die, trotz der späten Stunde, noch sehr belebten Gassen laufen wir zum Guesthouse und fallen todmüde ins Bett.

Mandalay

Nach dem Frühstück, einem leckeren Pfannkuchen mit Erdnüssen und einer gebackenen Banane, packen wir unsere Rücksäcke und verabschieden uns von den netten Besitzern unserer Unterkunft. Als wir vor der Tür stehen springt die Frau des Hauses plötzlich in die Küche und kommt mit einer großen Schüssel Gemüse zurück. Der Grund für ihre Aufregung ist schnell gefunden. Am Ende der Straße kommt uns eine große Gruppe von Bettelmönchen in ihren roten Roben und kahl geschorenen Köpfen entgegen. In ihren Händen tragen sie schwarze Schüsseln. Immer wieder bleiben sie vor Haustüren stehen und jeder von ihnen bekommt von den Hauseigentümern eine kleine Kelle mit Essen in ihre Schüsseln. Mit gleichmütigem Gesicht nehmen sie die Spenden entgegen und laufen weiter zum nächsten Haus. Auch bei uns vor dem Guesthouse kommen sie vorbei und so kann die Besitzerin ihnen das Gemüse in die Schüsseln legen. Ein für uns ergreifender Augenblick, zumal wir auf diese Situation nicht vorbereitet waren. Wir haben zwar schon von diesem Ritual gelesen oder Fotos gesehen, aber es ist doch etwas anderes, so etwas Live zu erleben.

An der Sule Pagode ergattern wir uns ein Taxi und fahren zum Flughafen. Das Einchecken bei Yangon Airlines geht ohne Probleme über die Bühne. Seltsam ist jedoch, dass jeder der Passagiere einen Aufkleber mit seiner Airline und der Flugnummer auf seine Bekleidung geklebt bekommt. Der Grund ist aber ganz einfach. Durch diesen Aufkleber hat es das Bodenpersonal sehr einfach, beim Aufrufen des Fluges durch die wartenden Passagiere zu laufen und den einen oder anderen, der den Aufruf des Fluges nicht mitbekommen, oder nicht verstanden hat, zur richtigen Tür auf das Flugfeld zu begleiten. Die Maschine ist sogar pünktlich. Yangon Airlines hat den Vorteil, dass sie fast nur neue Maschinen einsetzt. Auf dem Vorfeld stehen nämlich Maschinen von anderen Airlines,

in die wir nicht einsteigen würden. Wir laufen über das Rollfeld zur Maschine und steigen ein. Vor dem Abflug müssen
wir dann doch noch an der Startbahn im Flugzeug warten,
denn eine Staffel von Militärmaschinen hat Vorrang und darf
vor uns abfliegen.

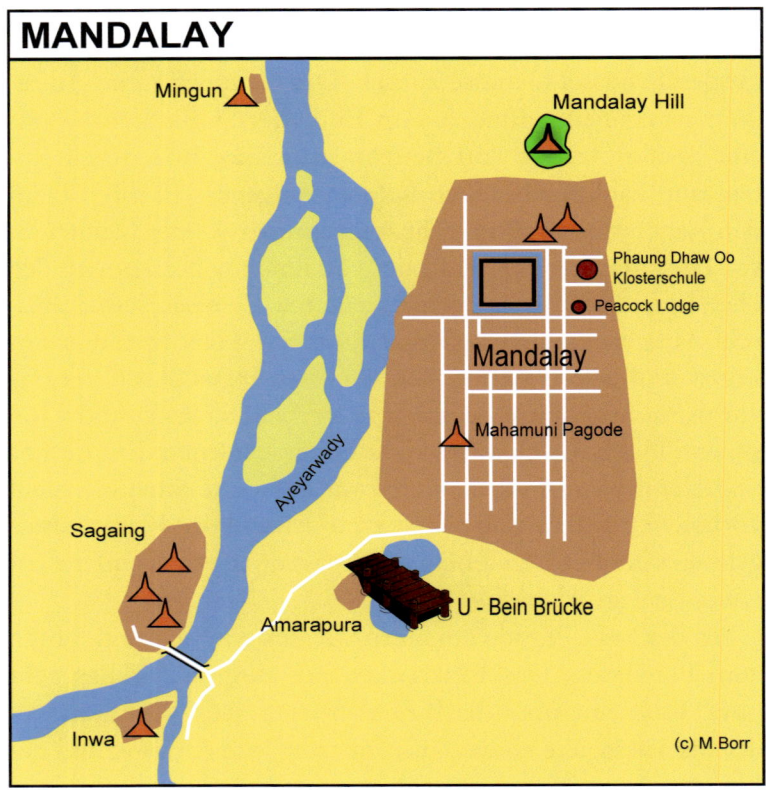

Der Flug heute geht nicht sofort nach Mandalay, sondern
macht einen kleinen Abstecher über Heho. Nach etwa einer
Stunde sehen wir schon unter uns den kleinen Flughafen von
Heho. Die Landebahn macht den Eindruck, als ob sie eine
Buschpiste sei. Sie ist sehr schmal und ganz schön uneben.
Nachdem etwa die Hälfte der Leute ausgestiegen und neue
dazugekommen sind, heben wir sofort wieder ab und sind in
etwa dreißig Minuten in Mandalay. Der Flughafen hier ist der

Hammer. Er ist krachneu, sehr modern und passt überhaupt nicht in die Umgebung. Wir stehen alleine mit einem Traveller aus Australien in einer riesigen Halle an einem der vielen Gepäckbänder und warten auf unser Gepäck. Wir sind scheinbar die Einzigen, die ihr Gepäck aufgegeben haben. Nach zwanzig Minuten, die uns vorkommen wie Stunden, rumpelt es. Das Gepäckband läuft an und es erscheinen drei einsame Rucksäcke. Glück gehabt. Während des Wartens haben wir schon durch die Glastüren gesehen, dass uns tatsächlich ein Fahrer unserer Unterkunft mit einem Schild in der Hand erwartet.

Für die Fahrt zum Zentrum benötigen wir eine Stunde. Die Straße durch die topfebene Fläche gleicht einem Prachtboulevard. Nur sind die Pflanzen und Sträucher, die hier gepflanzt worden sind, total vertrocknet und die Straße gleicht eher einer Stoßdämpferteststrecke als einer normalen Straße. Als wir die Vororte erreichen, sehen wir auch, warum die Straßen so schlecht sind. An einer Straßenbaustelle arbeiten bestimmt hundert Personen. Keine Maschinen, nur Handarbeit. Auf schon vorbereitete Flächen der zukünftigen Fahrbahn werden von Hand große Steine verteilt. Dann sind eine Heerschar von Frauen mit Körben voll Splitt auf dem Kopf unterwegs, die das feinere Material zwischen den großen Steinen verteilen. Dann sitzen die Frauen in einer Reihe nebeneinander in der Hocke und glätten diese Fläche mit zwanzig Zentimetern breiten Handfegern. Mit einer alten Handwalze wird diese Fläche dann etwas fest gewalzt. Über Feuerstellen wird in aufgeschnittenen Fässern Teer erwärmt und dann in kleinen Kannen auf dem Splitt verteilt. Das ist dann eine neue Fahrbahn. Bei einem solchen Aufbau der Fahrbahnfläche verwundert es uns nicht, dass die Straßen hier in solch schlechten Zustand sind. Was uns wundert, ist die Anwesenheit von Militär an der Baustelle. Wir vermuten, dass die Menschen, die hier arbeiten, dies nicht unbedingt freiwillig tun, denn dann wäre das Militär sicherlich überflüssig. Es bleibt also beim Betrachten dieser

Baustelle doch ein etwas fahler Beigeschmack.

Mandalay ist das geschäftliche Zentrum im Norden von Burma. Die militärische Führung des Landes betreibt regen Geschäftsverkehr mit seinem Verbündeten China und so kommt es, dass es inzwischen sehr viele chinesische Händler in Mandalay gibt. Die Stadt selbst gibt sich sehr modern. Es entstehen immer mehr moderne gesichtslose Betonhäuser - China lässt grüßen. Im Zentrum von Mandalay liegt der Königspalast. Wir fahren vorbei an einer seiner zwei Kilometer langen Festungsmauern und dem davor liegenden fünfzig Meter breiten Wassergraben.

Die Luft hier ist richtig schlecht. Um uns herum nur stinkende Mofas und Autos, die riesige schwarze Rauchfahnen aus ihrem Auspuff in die Umwelt entlassen. Die offenen Feuerstellen in der Millionenmetropole geben ihr Übriges. Auch der beißende Geruch nach Benzin in unserem Auto führt dazu, dass wir richtig froh sind, die „Peacock Loge" endlich zu erreichen. Sie liegt etwas östlich des Königspalastes in einem reinen Wohngebiet, eine richtige Oase. Unter großen Bäumen stehen im Schatten ein paar gemütliche Holzstühle und Tische. Der Lärm der Hauptstraße ist hier nicht mehr wahrzunehmen. Nur ab und zu fährt ein knatterndes Mofa am Grundstück vorbei. Als wir unsere Rucksäcke ausladen, kommt auch schon die Besitzerin aus dem von außen sehr sauber wirkenden Haus heraus. Wie sich später herausstellt, ist es die Oma. Sie trägt eine weiße Schürze mit einem lustigen roten Blumenmuster. Mit einem breitem Grinsen und einem sehr guten Englisch begrüßt sie uns. Sofort haben wir sie ins Herz geschlossen, folgen ihr, ziehen die Schuhe aus und treten ein in die gute Stube. Innen erwartet uns ein Raum, dessen Ausstattung uns in eine Zeit der englischen Kolonialzeit zurückversetzt. Alles sehr sauber und aufgeräumt. Wir folgen ihr weiter zu unserem Zimmer. Ein sehr helles freundliches Zimmer mit einem großen Bett in der Mitte, mit Blick auf einen kleinen Teich, einer sauberen Toilette und einer einfachen

Dusche. Alles sehr einfach aber picobello sauber. Wir sind einverstanden mit dem Zimmer und folgen ihr zurück in die gute Stube, um uns ins Gästeverzeichnis einzutragen. Sie bietet uns an, ein Ticket für die Bootsfahrt nach Bagan, welche wir in vier Tagen antreten wollen, zu besorgen. Das nehmen wir dankbar an.

Da es inzwischen mal wieder Essenszeit geworden ist, laufen wir in Richtung Königspalast. In den Straßen südlich des Palastes sollen sich ein paar nette Restaurants befinden. Wir schaffen es aber nicht einmal dreihundert Meter, ohne von Trishaw- Fahrern angesprochen zu werden. Trishaw ist ein Fahrrad mit Seitenwagen. Sie bieten uns an, dass sie uns zu einem super Preis zu allen nur erdenklichen Zielen fahren werden. Normalerweise würden wir uns ja gerne bewegen und mal in aller Ruhe durch die Straßen laufen, aber wir hätten eh keine Chance. So steigen wir auf und lassen uns zum „Mary Min Vegetarian Restaurant" fahren. Es liegt in einer kleinen Gasse mitten zwischen Wohnhäuser. Wenn es nicht in einem Führer stehen würde, so wären wir nicht auf die Idee gekommen, hier vorbei zu schauen. In dem zur Straße offenen Raum stehen sechs alte Tische, die mit schönen Spitzendeckchen belegt sind. Zum Schutz dieser wertvollen Tischdecken liegt obendrauf eine Glasplatte. Abgerundet wird dieses Tischarrangement durch einen giftgrünen kleinen Kunststoffkorb in der Mitte, der gefüllt ist mit Essstäbchen und scharfen Gewürzsoßen. Wir setzen uns und ein junges schüchternes Mädel mit einem breiten Grinsen bringt uns die Karte. Wir bestellen feine Samosa, eine scharfe Linsensuppe und eine Portion fried Rice. Das Essen ist absolute Spitze. Immer wieder kommt das Mädchen an den Tisch und fragt aufgeregt, ob wir noch etwas wünschen und ob alles in Ordnung ist. Wenn in Deutschland doch nur alle Bedienungen so herzlich wären …

Frisch gestärkt wollen wir noch ein Highlight der Stadt besichtigen, den Mandalay Hill. Von dort soll man eine tolle Sicht über die Stadt haben und wir können uns darauf einstellen, welche Entfernungen wir in den nächsten Tagen zurücklegen. Wenn wir es rechtzeitig auf den Berg schaffen, so sollte es uns auch möglich sein, den Sonnenuntergang zu erleben. Wir laufen nach Norden und erreichen die große Hauptstraße am südlichen Wassergraben des Königspalastes. Das Suchen nach einem Taxi gestaltet sich nicht so einfach. Die Fahrer denken wohl, dass wir voll darauf angewiesen sind, dass wir mit ihnen fahren und verlangen Traumpreise. So weisen wir sie immer wieder ab und spielen das Spiel mit und täuschen vor, zu Fuß zum Berg zu laufen. Unsere Rechnung geht auf und so kommt doch einer der Taxifahrer zurück und geht auf den von uns gebotenen Preis ein. Das Taxi darf man sich nicht vorstellen wie bei uns. Es handelt sich um ein Auto, bei dem man hinten auf einer offenen Pritsche Platz findet.

Schnell erreichen wir nun den südlichen Ausgangspunkt zum Aufstieg auf den Berg. Unten am Eingang lassen wir an einem kleinen Stand gegen einen Obolus unsere Schuhe zurück, denn man darf den heiligen Berg nur barfuß betreten. Es ist richtig ungewohnt für uns, die vielen Treppenanlagen ohne Schuhe zu erklimmen. Es warten über tausendfünfhundert Treppenstufen auf uns. Der Aufstieg gleicht einem Kreuzweg. Immer wieder geht es an heiligen Figuren, kleinen Buddhas und Tempelanlagen vorbei. Auch hier verdienen sich die Menschen Geld damit, den Pilgern, die den Berg erklimmen, alle möglichen Dinge anzudrehen. Von einer kleinen Wegzehrung an einer Brutzelbude bis hin zu übergroßen Buddhafiguren kann man alles kaufen. Bei manchen Ständen sieht es so aus, als ob die Menschen hier oben hinter ihrem Stand leben. Es scheint ihr zu Hause zu sein. Nach etwa Zweidrittel der Strecke erreichen wir den goldenen stehenden Sheyattaw- Buddha. Er ist etwa vier Meter hoch und streckt seine Hand in Richtung des Königspalastes. Vor dem Buddha stehen wieder einige der uns schon bekannten Spendenboxen. Auch diese sind über und über mit Geldscheinen gefüllt. Man mag sich kaum vorzustellen wie viel Geld hier im Laufe eines Jahres wohl gespendet wird. Ständig sehen wir Gläubige, die Geld in diese Boxen hineinwerfen.

„Hello" so werden wir von hinten angesprochen. Wir drehen uns um und schauen in drei grinsende Gesichter von jungen Mönchen. Sie sprechen sehr gut Englisch und erzählen uns, dass sie aus Thailand stammen und hierher nach Burma gekommen sind, um die heiligen Orte des Landes zu besuchen. Nach einer netten Unterhaltung mit ihnen kramen sie aus einer Tasche einen Fotoapparat und wir müssen uns mehrfach mit ihnen in den verschiedensten Kombinationen ablichten lassen. Wir laufen weiter zum Gipfel, sie sind schon am Abstieg. Eine wirklich nette Begegnung.Oben auf der Gipfelplattform angelangt muss vor dem Betreten der Anlage zum Fotografieren eine extra Gebühr bezahlt werden.

Dies ist schnell geschehen. In der Mitte der Plattform steht ein großes Gebäude, dessen Säulen und Rundbögen mit wunderschönen verspiegelten Mosaiken bedeckt sind. Der komplette Fußboden hier oben ist mit roten Fliesen belegt. In den Mosaiken des Gebäudes spiegelt sich die schon tief stehende Sonne. Innerhalb des Gebäudes sitzen Mönche, die sich dort zum Gebet und zur Meditation getroffen haben. Auf schwarzen Tafeln, die an den Säulen angebracht sind, sowie auf den inneren Rundbögen und Decken stehen mit burmesischer Kringelschrift geschriebene Worte, deren Sinn uns leider verborgen bleibt. Die einheimischen Pilger jedoch laufen von Tafel zu Tafel und lesen diese interessiert durch.

Der Blick vom Gipfel ist überwältigend. Im Westen liegt der Ayeyarwady, der große Fluss des Landes. Dahinter, unter der untergehenden Sonne, die Hügel von Sagain. Im Norden liegt im Dunst eine riesige Ebene, im Osten die Shanberge. Im Süden liegt die Stadt Mandalay und ganz deutlich ist das große Viereck des Königspalastes zu sehen. Wie auch schon in der Shwedagon Pagode kommen viele Besucher erst am Abend. Wir stehen lange am Geländer der Plattform und genießen den Sonnenuntergang über den Bergen und betrachten die Spiegelungen im Wasser des Ayeyarwady. Als die Sonne hinter den Bergen verschwunden ist, wird es sehr schnell dunkel, und so brechen wir rasch auf, um die vielen Treppen wieder zurück zum Taxi zu laufen. Zum Glück haben wir eine Taschenlampe dabei, denn es wird doch schneller dunkel als wir gedacht haben. Die Strecke zieht sich wie Kaugummi, denn ohne Schuhe können wir die vielen Treppen nicht so schnell wie geplant hinunterlaufen.

Unsere Schuhe sowie unser Taxifahrer sind noch da. Da der arme Kerl so lange gewartet hat, sagen wir ihm noch ein schönes Trinkgeld zu, wenn er uns noch in die Stadt zum Essen fährt und dann erst zum Guesthouse. Er willigt ein und wir brechen sofort auf, um in der Stadt noch ein nepalesisches Restaurant zu finden, das Freunde uns empfohlen haben. Das Taxi stoppt in einer sehr belebten Straße. Zwischen LKW-Reparaturwerkstätten und ein paar Lagerhäusern liegt dieses kleine Restaurant. Unser Fahrer schaut uns zwar etwas zweifelnd an, aber wir lassen uns nicht abhalten und treten in die gute Stube ein.

Gute Stube ist gut. Es handelt sich im Prinzip um eine größere Garage, die zur Straße offen ist. Am Ende ist hinter einer Trennwand die Küche untergebracht und davor stehen fünf Tische. Schon als wir aussteigen, ziehen wir die Blicke der Menschen magisch an. Und noch verdutzter schauen sie, als wir eintreten und uns an einen der Tische setzen. Neben uns an einem Tisch sitzt wohl die Familie des Besitzers. Einer der Männer dort steht auf und kommt auf uns zu. Wir erkennen, dass es sich um einen Nepali handelt und begrüßen ihn mit einem freundlichen Namaste, was ein breites Grinsen auf dem Gesicht des Mannes zur Folge hatte. Wir bestellen eine Portion Daal Bath, d.h. Reis mit Linsen, das nepalesische Nationalgericht und eine Flasche Wasser. Das Essen ist total lecker und wir genießen es in vollen Zügen und planen im Kopf schon unsere nächste Nepalreise. Das Essen war eine schöne Abwechslung. Wir verabschieden uns von den freundlichen Menschen, nehmen unser Taxi und fahren zurück zur unserer Unterkunft. Der Fahrer bekommt ein schönes Trinkgeld zusätzlich zu unserem vorher ausgehandelten Preis. An seinem Lächeln erkennen wir, dass es ein gutes Geschäft für ihn war.

Den weiteren Abend verbringen wir im Garten der „Peacock Lodge". Inzwischen ist auch die Tochter des Hauses eingetroffen, eine sehr modisch und westlich gekleidete junge Frau, die ebenfalls sehr gut Englisch spricht. Die Familie gehört hier sicherlich mit dem Einkommen durch die Gäste schon zu den oberen Gesellschaftsschichten in Burma. Wir setzen uns an einen der Tische, trinken als Absacker ein kühles Bier und knabbern ein paar Erdnüsse, die uns die Tochter vorbeibringt. Unter unserem Tisch wird gegen die Stechmücken noch eine stinkende Mückenspirale, ähnlich wie Räucherstäbchen, angezündet. Vergessen sind die von den vielen barfuß erklommenen Treppen schmerzenden Füße, der Gestank und die schlechte Luft in der Stadt. Hier können wir es aushalten. Als wir die nötige Bettschwere erreicht und unser Tagebuch fertig geschrieben haben, sagen wir gute Nacht und fallen todmüde ins Bett. Es war ein ziemlich langer und anstrengender Tag.

Klosterschule und Klöster in Mandalay

„Guten Morgen" sagt eine Mädchenstimme hinter uns, als wir am Frühstückstisch im Garten unserer Unterkunft sitzen. Völlig verdutzt von der deutschen Begrüßung drehen wir uns um und schauen in das grinsende Gesicht eines jungen, hübschen burmesischen Mädchens. Es ist Thandar, das Patenkind von Herrn Runge, dem Gründer des Myanmar Fördervereins aus Saarbrücken. Wir hatten uns schon via Internet für heute verabredet, damit wir zusammen zur Schule laufen, um uns die Trinkwasserversorgung anzusehen. Der Abt U Nayaka sollte uns empfangen.

Wir verstehen uns sofort prächtig mit Thandar und laufen mit ihr zur etwa fünfundzwanzig Minuten entfernten Klosterschule. Auf dem Weg dorthin sind wir natürlich die Attraktion für die Einheimischen. Viele Augen verfolgen unsere Schritte. Menschen auf dem Mofa bleiben sogar stehen und schauen uns verwundert nach. Kurz vor Erreichen der Schule laufen wir an einer wirklich schönen Bungalowanlage vorbei. Thandar erzählt uns, dass dies ein kleines Guesthouse sei, in dem auch viele Helfer der Schule übernachten.

Das Schulgelände betreten wir durch ein großes Tor am südlichen Teil der Anlage. Vorbei geht es an ein paar kleinen Hütten, in denen die Werkstätten der Schule untergebracht sind. Linker Hand steht ein weiß getünchter Neubau. Thandar erklärt uns, dass dies das neu errichtete Schlafhaus sei, welches vor kurzem eingeweiht wurde. Kinder aus weiter entfernt liegenden Dörfern können hier übernachten, da ihr Schulweg fast einen Tag beanspruchen würde. Aus dem dreistöckigen Haus dahinter hören wir laute Stimmen von Schülern, die immer wieder das, was ein Lehrer oder eine Lehrerin sagt, nicht nachsprechen, sondern nachschreien. Eine für uns unübliche Methode des Lernens, aber hier ganz normal. Sobald eines der Kinder uns vor dem Gebäude entdeckt, ist es natürlich mit der Konzentration auf den Unterricht vorbei. Es wird gelacht, gewunken und manche von ihnen stürmen sofort ans Fenster, um uns mal genauer anzuschauen. Wir winken zurück und folgen Thandar, die mit schnellen Schritten auf ein kleines grünes Häuschen in der Mitte der Anlage zusteuert.

Vor den Treppen ziehen wir unsere Schuhe aus und folgen ihr in einen großen Raum. Es ist das Lehrerzimmer, wie sich später herausstellt. Im linken Teil des Raumes steht ein langer Tisch, an dessen Kopfende ein etwas älterer Mönch sitzt. Im Hintergrund sind ein paar Schüler damit beschäftigt, Daten in einen PC einzutragen. Als wir eintreten, herrscht einen Moment lang gespenstige Ruhe. Alle Augen sind auf uns gerichtet und schauen uns erwartungsvoll an. Wir lächeln alle an und von allen Seiten bekommen wir ein breites Lächeln zurück. Der Mönch am Ende des Tisches steht auf, kommt auf uns zu und begrüßt uns mit einem herzlichen „Welcome". Es ist nicht der Abt U Nayaka, sondern sein Bruder.

Der Abt ist leider nicht da, weil er kurzfristig nach Yangon reisen musste. Wir werden aufgefordert, am Tisch Platz zu nehmen. Zwei Schüler bringen eine Kanne Tee und Tassen für den Mönch, Thandar und uns. Gerne nehmen wir einen Schluck Tee, denn inzwischen ist es ganz schön heiß geworden. Die Unterhaltung mit dem Mönch gestaltet sich als etwas schwierig, da wir sein Englisch nur sehr schlecht verstehen. Zum Glück ist Thandar dabei, die hin und wieder ins Burmesische übersetzt. Wir erzählen von unserem Kontakt mit Herrn Runge, berichten über unser bisher Erlebtes in Burma und kommen dann nach einiger Zeit zum eigentlichen Grund unseres Besuches, der Trinkwasserversorgung. Wie gerufen betritt ein junger Mann und eine Frau den Raum. Sie werden uns als Wing Aung und Chan Chan vorgestellt. Es sind die technische Verantwortliche in der Schule. Beide, so erfahren wir, soll uns über das Gelände führen und alles zeigen.

Den ganzen Vormittag verbringen wir damit, uns alle vorhandenen Anlagen der Trinkwasserversorgung anzuschauen. Trinkwasserbrunnen, Sammelbehälter, Hochbehälter auf den Gebäudedächern, das Leitungssystem und die Abnahmestellen. An jeder Anlage werden fleißig Informationen ausgetauscht und ich gebe Anleitung, was man an den jeweiligen Anlagen wie z.B. Trinkwasserbehältern baulich verbessern kann. Es gibt hier viel zu tun und Wing Aung und Chan Chan fragen auch immer wieder neugierig, warum. All diese Informationen schreiben sie sich auf, um sie dann hoffentlich in die Tat umzusetzen. Wir hoffen, dass unsere Ideen und Infos auf fruchtbaren Boden fallen. Bei unserem Rundgang durch die Gebäude treffen wir zu unserer Überraschung in der Schulbibliothek Hanne aus Saarbrücken. Sie war früher in Deutschland Lehrerin und unterrichtet hier für vier Wochen einige Mädchen in Deutsch. Vor allem die etwas älteren Mädchen sind ganz begierig auf den Deutschunterricht, denn so steigen ihre Chancen in der Tourismusindustrie zu arbeiten.

Hanne begrüßt uns freudig, denn sie ist schon einige Zeit hier und ist froh, sich mal wieder normal in ihrer Muttersprache zu unterhalten. Hanne wusste auch schon, dass wir kommen werden und hat sich vorher etwas die Trinkwasseranlagen und den Umgang mit diesen angeschaut. Sie bietet sich an, uns weiter durch die Anlage zu begleiten, was wir gerne annehmen. Bevor wir loslaufen, packt Wing Aung noch seine extra für den heutigen Tag gezeichneten Lagepläne, Schemapläne und Skizzen der Trinkwasserversorgung aus. Diese werden natürlich auch gründlich durchgeschaut. Vorteil dieser Skizzen ist, dass wir nun eine super Übersicht über den gesamten Schulkomplex bekommen haben. Wing Aung ist auch mächtig stolz über das, was er uns da vorzulegen hat.

Als Erstes schauen wir das neu errichtete Schlafhaus an. Es wurde mit Hilfe von Spenden und Entwicklungshilfegeldern errichtet. Die Zimmer sind alle sehr sauber und die Kinder sind richtig froh, hier zu sein. Zu Hause wohnen sie alle in einfachen Bambushütten und teilen sich ihre Betten mit vielen Geschwistern. Hier haben sie zwar alle ein Eigenes, wobei sie in den doppelstöckigen Betten doch alle gemeinsam unten schlafen und das obere Bett nur als Kleiderablage dient. Wir schauen uns die Wasserbehälter auf dem Dach an und die neu errichteten sanitären Anlagen, die hier entgegen anderen in Burma fünf Sterne verdient haben. Im hinteren Teil des Geländes befindet sich das Waisenhaus. Die Bewohner wurden von U Nayaka hier aufgenommen, bekommen Essen und haben ein Dach über dem Kopf. Hier ist jedoch der hygienische Zustand insbesondere für einen Brunnen, der hier existiert, nicht besonders gut. Wing Aung bekommt auch hier wieder viele Informationen von mir, wie dieser Missstand abzustellen ist. Hier ist wirklich sofortiges Handeln erforderlich.

Eines der Waisenkinder sitzt in einem sehr einfachen Rollstuhl und freut sich total, uns hier zu sehen. Für ihn ist es eine willkommene Abwechslung in seinem Leben. Da wir ja eine ganze Meute von Schaulustigen bei unserem Rundgang im Schlepptau haben, steht er nun im Mittelpunkt aller und genießt dies auch. Mit einem etwas beklemmenden Gefühl verlassen wir das Waisenhaus. Die Menschen hier haben wirklich nur das Notwendigste zum Überleben: ein Dach über dem Kopf und bekommen ihr Essen. Die hygienischen Zustände würde der Durchschnittseuropäer nicht überleben.

Da es Mittag geworden ist, gehen wir zur Küche der Schulkantine und bekommen ein leckeres Gemüsecurry mit Reis und einen großen Teller mit leckeren Früchten. Hanne erzählt uns, was sie so alles erlebt hat, seit sie hier arbeitet und gibt uns ein paar Tipps für die nächsten Tage. Da Hanne nun keinen Unterricht mehr hat, lädt sie uns noch zu einem Kaffee auf der Terrasse ihres Guesthouses ein. Es ist Unterrichtsende und alle Kinder kommen aus ihren Klassenzimmern heraus. Auf dem Weg zu dem kleinen Guesthouse vor der Schule, werden wir immer wieder von vielen Kindern umringt. Die größeren sind ganz begierig, ihr Englisch an uns auszuprobieren und die kleineren wollen unbedingt fotografiert werden, um sich danach im Display des Fotoapparates zu betrachten. So brauchen wir einige Zeit, bis wir zu unserer Tasse Kaffee kommen.

Wir genießen es richtig, hier auf der kleinen Terrasse direkt an einem kleinen Teich unter einem Sonnenschirm zu sitzen. Thandar ist auch noch mitgekommen. Und so kommt es, dass wir mit ihr für den Abend noch einen Besuch in einem Marionetten Theater ausmachen. Wir werden uns mit ihr um halb acht vor der Schule treffen.

Hanne erzählen wir, dass wir in den nächsten Tagen nach Mingun fahren. Dort erwartet uns der Bürgermeister, denn wir sollen uns noch einen Damm anschauen, der beim letzten Monsun gebrochen ist. Teile des Ortes Mingun wurden durch diesen überflutet. Da sich die offiziellen Seiten nicht darum kümmern, hat Herr Runge uns beim Bürgermeister, den er gut kennt, angekündigt. Wir sollen ihm ein paar Tipps geben, wie man den Damm wieder reparieren kann. Außerdem wollen wir uns natürlich die Tempelanlagen von Mingun anschauen.

Da Hanne auch in drei Tagen nach Bagan fahren möchte, besprechen wir mit Thandar noch, ob sie versuchen kann, ein Ticket, auf dem gleichen Boot wie wir es gebucht haben, für Hanne zu bekommen. Sie ist sich sicher, dass sie das organisieren kann und so verabschieden wir uns von den zwei, um uns noch ein paar Tempelanlagen in Mandalay anzuschauen.

Wir stellen uns an die Hauptstraße und organisieren uns eine Trishaw. Der Fahrer ist sehr nett und verspricht, uns die Tempelanlagen südlich des Mandalay Hills zur zeigen. Sehr vertrauenswürdig ist die Stabilität seines Fahrrades jedoch nicht. Na ja, schauen wir mal, was der Trip so bringt.

Nach einigen Minuten erreichen wir schon die erste Kloster-anlage. Unser Fahrer bietet uns an, unsere Schuhe in einer Tasche an seinem Fahrrad zu verstauen, damit wir keine Ge-bühr zum Aufbewahren der Schuhe am Eingang zahlen müs-sen, was wir auch gerne annehmen. Das Shwenandaw Ky-aung ist ein besonderes Bauwerk, denn es besteht komplett aus Teakholz. Bis Mitte des achtzehnten Jahrhunderts stand das Bauwerk noch im Königspalast. Der damalige König ließ es damals jedoch abbauen und stellte es an seinen heutigen Standort außerhalb der Palastmauern. Somit fiel es nicht der Feuersbrunst zum Opfer, welche 1945 den komplett aus Holz bestehenden Königspalast zerstörte. Die Hölzer des Klosters sind über und über mit Schnitzereien bedeckt. Es gibt kaum eine Stelle, wo keine Figuren und Muster zu sehen sind. Nach dem vielen Gold der bisher gesehenen Pagoden ist es total ungewohnt, durch so einen dunklen Bau zu laufen. Außer den weiß getünchten äußeren Mauern besteht das Hauptgebäude aus dunklem Teakholz. In das Innere dringt kaum Licht. Nur durch ein paar kleine Türen bahnen sich die Sonnenstrahlen einen Weg. Die Säulen der inneren Halle waren einmal mit Blattgold belegt, welches jedoch inzwischen sehr verwittert ist und somit das dunkle Holz im Inneren dominiert.

Auf unserem Rundgang folgen uns zwei junge etwa zehn bis zwölf Jahre alte Mönche. Immer wenn wir uns herumdre-hen, winken sie uns zu. Als wir die Anlage verlassen wollen, stehen die Zwei mit einem breitem Grinsen an der Treppe, die uns hinunter zu unserem Fahrer führt. Ich zeige auf meine Fotokamera und deute an, dass ich gerne ein Foto von ihnen machen möchte. Nun tauen sie erst richtig auf und wir be-merken erst jetzt, dass sie sich sehr gerne fotografieren lassen, um sich dann im Display der Digitalkamera zu betrachten. Nach einigen Bildern verabschieden wir uns von den Zwei. Unser Fahrer wartet schon, packt ganz stolz unsere Schuhe aus, und freut sich, dass wir ihm mit hochgehobenen Daumen zu erkennen geben, dass uns das Kloster sehr gefallen hat.

Die Anlage der Kuthodaw Pagode ist schnell erreicht. Diese riesige Anlage beherbergt das größte Buch der Welt. Auf 729 Steinplatten wurde um 1870 mit dem Bau der Anlage begonnen. In mühevoller Arbeit ist auf den Steinplatten der Text des gesamten Tipitaka, die Lehre des Theravada- Buddhismus eingemeißelt. Die Steintafeln sind etwa einen Meter hoch und achtzig Zentimeter breit und auf beiden Seiten sind die Texte aufgebracht. Die Tafeln selbst stehen in einem etwa drei Meter hohen, weißen, reich verzierten Gebäude. Die Spitze jedes Gebäudes bildet ein goldener Schirm. Da es sehr heiß geworden ist, laufen wir noch etwas durch die weitläufige Anlage und genießen es immer wieder, uns irgendwo in den Schatten zu setzen und die Atmosphäre aufzusaugen. Die Hitze ist jedoch auch daran schuld, dass wir nun keine Tempel mehr sehen möchten.

Unser Trishawfahrer wartet schon mit einem breiten Grinsen auf uns und wir fahren den Weg zurück zu unserer Unterkunft. Und dann kam das, was passieren musste. Ein kleiner Hund läuft zielstrebig direkt vor dem Vorderreifen unseres Vehikels und unser Fahrer reißt, um einen Zusammenstoß zu vermeiden, den Lenker herum. Das Ausweichen ist zwar erfolgreich, jedoch hat der Fahrer sicherlich bei dieser schnellen Bewegung nicht daran gedacht, dass er ein paar Kilogramm zusätzliches Gewicht mit an Bord hat. Durch das Ausweichmanöver bekommt das Rad unseres Fahrzeugs zu viel Kraft von der Seite und so knickt die Felge samt Speichen ab und wir sitzen ein Stockwerk tiefer auf dem Boden.

Zum Glück waren wir, dank unseres Gewichtes, nicht sehr schnell und es kam auch gerade kein Auto. Nach dem ersten Schrecken zählten wir unsere Knochen. Es ist noch alles dran. Unser Fahrer ist auch okay. Da er sich auch den ganzen Nachmittag so um uns bemüht hat und sehr freundlich war, bezahlen wir ihm wie versprochen den vorher ausgehandelten Preis für die Tour und geben ihm noch so viel Geld, dass er sich davon wieder ein neues Rad kaufen kann. Der Mann fasst es kaum und will das Geld gar nicht annehmen. Wir stecken es ihm einfach in die Hemdtasche, bedanken uns mehrfach bei ihm und laufen dann die letzten Meter zu unserer Unterkunft zu Fuß.

Da wir noch ausreichend Zeit haben bevor wir uns mit Thandar zum Marionettentheater treffen, beschließen wir noch zum „Green Elephant Restaurant" zu fahren, um dort etwas Leckeres zu essen und gemütlich den Abend zu beginnen. Den Garten des Restaurants hatten wir schon gestern Abend aus dem Auto heraus gesehen, als wir zu unserem Guesthouse gefahren sind. Ein Taxi ist schnell organisiert und so sitzen wir wenige Minuten später am Tisch eines noblen Touristenrestaurants und genießen unser thailändisches Essen mit einem schönen kalten Bier. Es tut richtig gut, sich zwischendurch so etwas zu gönnen.

Es ist halb acht, als wir Thandar wieder vor der Klosterschule treffen. Mit einem breitem Grinsen erzählt sie uns ganz stolz, dass sie unseren Transport zum Theater organisiert hat. Wir schauen uns um, sehen aber kein Fahrzeug, außer ein paar alte Fahrräder. Das ist also unser Transport. Fahrrad fahren wir beide ja gerne, aber bei völliger Dunkelheit über Straßen mit riesigen Schlaglöchern und einem Verkehr in der Innenstadt, den wir schon als Mitfahrer in einem Taxi als verrückt bezeichnen? Na, der Mensch braucht Herausforderungen und so starten wir unseren Trip zum Theater.

Die Herausforderung ist gar nicht so leicht zu bewältigen. Da ich doch fast dreißig bis vierzig Zentimeter größer bin als die Burmesen, stoßen beim Treten immer wieder die Knie an den Lenker. So bleibt mir gar nichts anderes übrig, dass ich die Beine beim Treten spreize und die Knie rechts und links am Lenker vorbeiführe. Ich glaube, ich brauche keinem zu erzählen, welch toller Anblick dies ist. Richtig Kraft bekommt man bei der Fahrweise auch nicht auf die Pedale. Thandar fährt vor uns und wir versuchen die Lücke zwischen uns nicht zu groß werden zu lassen. Es ist stockdunkel, keine Straßenbeleuchtung. Das einzige Licht, welches uns zur Verfügung steht, ist das Licht des Vollmondes. Immer wieder können wir einem Schlagloch nicht mehr ausweichen und fahren voll hinein. Zum Glück, ohne zu stürzen. Bei den Einheimischen sind wir natürlich die Sensation. Wenn sie mit Fahrrädern, Mofas oder auch mit dem Auto an uns vorbeifahren, werden wir durch lautes Johlen begrüßt und sie fahren eine kleine Strecke neben uns her. Nach etwa dreißig Minuten erreichen wir wohlbehalten das Marionettentheater in der Nähe des noblen Sedona Hotels.

Wir kaufen unsere Tickets und haben, da wir noch etwas zu früh sind, Zeit uns etwas umzuschauen. Da das Theater auch von Reisegruppen besucht wird, haben sich im Umfeld einige Buden angesiedelt, in denen es jede Menge Souvenirs zu kaufen gibt. Abgesehen von dem Ramsch, den es überall gibt, sind hier einige Stände, die sehr schöne Marionetten verkaufen. Es gibt sie als sehr einfache Figur für Kinder, bis hin zu Sammlerstücken mit sehr aufwendigen Gewändern, schönen geschnitzten Gesichtern, aufwendigen Seiltechniken in jeder Größe. Auch der Preis steigt bei den sehr großen Figuren bis in interessante Dollarregionen. Ich kaufe für alle noch eine Cola und gemeinsam schlendern wir durch die Buden. Pünktlich zum Beginn der Aufführungen stehen wir jedoch wieder vor dem Eingang des Theaters und sind gespannt was da jetzt kommt.

Das Theater ist nicht sehr groß, es fasst kaum fünfzig Menschen. Zwei schmale Reihen mit je drei Sitzplätzen nebeneinander sind wie in einem Hörsaal vor der Bühne aufgebaut. Die Bühne ist etwa drei bis vier Meter breit und ist gut einsehbar. Wir nehmen Platz in der vierten Reihe und kaum haben wir uns gesetzt geht das Licht aus und eine für Burma typische, aber für uns sehr befremdliche harfenähnliche Musik erklingt. Der Vorhang öffnet sich und die farbenfrohe Kulisse eines verwunschenen Waldes wird sichtbar. Auf der Bühne erscheinen schöne, sehr aufwendig gearbeitete Marionetten. Eine Prinzessin, ein König, ein Bauer und normales Volk. Virtuos bewegen die Marionettenspieler die Figuren über die Bühne. Besonders beeindruckend sind die Kunststücke wie Saltos oder Ähnliches, welche die Figuren durchführen, ohne die Seile zu verdrillen.

Zwischendurch wird auch einmal der obere Teil des Vorhangs hoch gehoben, so dass man freie Sicht auf die Spieler hat und sehen kann, wer die Marionetten so geschickt führt und wie aufwendig die Seilarbeiten der Figuren gebaut sind. Die Aufführung ist wirklich sehenswert.

Einzig die eintönige burmesische Musik ist nichts für unsere Ohren. Mit der Zeit geht sie einem ganz schön auf die Nerven und man ist froh, wenn zwischendurch eine kleine Musikpause stattfindet. Nach der Aufführung, welche mit langem Applaus für die Spieler endet, wird jeder Besucher der Aufführung durch den Chef der Spielgruppe mit Handschlag verabschiedet.

Wir begeben uns auf den zweiten Teil unserer Herausforderung und fahren in dunkler Nacht durch die inzwischen nicht mehr so belebten Straßen zurück zur Klosterschule. Thandar will scheinbar schnell ins Bett, denn wir haben Mühe dem Tempo, welches sie nun auf der Heimfahrt anschlägt, zu folgen. Ohne Unfall erreichen wir unser Ziel. Als wir an der Schule ankommen, ist das Tor schon abgeschlossen und wir brauchen einige Zeit, um mit „Steine werfen" an die Fenster auf uns aufmerksam zu machen, damit Thandar noch auf das Schulgelände gelassen wird. Nachdem der Wächter mit dem Schlüssel gefunden ist, verabschieden wir uns von Thandar bis übermorgen. Dann wollen wir mit ihr gemeinsam nach Mingun fahren. Die Strecke bis zu unserem Guesthouse legen wir zu Fuß zurück und sind froh, dass wir nicht unterwegs von den bellenden Hunden angefallen werden.

Sagaing, Inwa, Amarapura

Nach einem gemütlichen Frühstück mit einem riesigen Obstteller im Garten unserer Unterkunft besorgen wir uns einen Fahrer, um die alten Königsstädte rund um Mandalay zu besuchen. Der Fahrer ist uns gleich sympathisch und das Fahrzeug, mit dem er uns abholt, macht einen soliden Eindruck.

Die Fahrt zur alten Königsstadt Sagaing, südwestlich von Mandalay, dauert etwa eine Stunde. Außerhalb der Stadt nimmt der Verkehr auf den Straßen deutlich ab. Es sind nun mehr Ochsenkarren und Leute zu Fuß unterwegs. Es wirkt alles sehr dörflich. In den grünen, dicht bewachsenen Hügeln hier stehen mehrere hundert Klosteranlagen. Nach dem Untergang von Bagan war Sagaing etwa fünfzig Jahre die Hauptstadt eines eigenständigen Königreichs. Heute ist es ein religiöser Anziehungspunkt für viele Pilger des Landes.

Mit unserem Fahrer kommen wir sehr gut zurecht. Ständig hält er an und zeigt uns schöne Tempel und kennt Haltestellen, von denen wir eine tolle Aussicht zum Fotografieren haben. Immer wenn wir aussteigen, sind wir sofort von einer Horde Kindern umringt. Hier sind heute nur sehr wenige Leute unterwegs und so sind wir natürlich sofort Opfer von jungen Souvenirverkäufern. Die Aufgänge zu den Tempelanlagen sind teilweise überdacht, so dass man über schattige Wege, durch einen Wald aus Frangipanis, Tamarinden und Mangobäumen, die Anlagen erreichen kann. Die Tempelanlagen, an denen die meisten Bustouristen anhalten, sind sehr sauber und wurden in den letzten Jahren aufwendig saniert. Einige etwas abseits gelegene Anlagen sind jedoch auch einen Besuch wert. Sie sind zugewachsen und machen einen etwas vernachlässigten Eindruck auf uns. Diese Einsamkeit und Abgeschiedenheit macht sie jedoch erst interessant. Es liegt eine richtig mystische Stimmung über all diesen alten Anlagen. Hin und wieder treffen wir Gläubige, die still im

Gebet versunken sind und überrascht aufschauen, wenn wir die Anlagen betreten. Da die Tempelanlagen meist auf den Hügelspitzen gebaut wurden, haben wir von dort oben einen wirklich schönen Rundumblick. Auf den umliegenden bewaldeten Hügeln liegen die unzähligen weißen Pagoden und im Süden sehen wir das helle Band des Ayeyarwady, dessen Wasseroberfläche in der Sonne glänzt.

Mit unserer Weiterfahrt nach Inwa folgen wir der Geschichte, denn Inwa war nach Sagaing vierhundert Jahre Königsstadt. Durch die gute strategische Lage hier am Zusammenfluss des Ayeyarwady und des Myitngeflusses konnte der Reishandel kontrolliert werden und es flossen ausreichend Zölle, mit deren Hilfe man seine Macht sichern konnte. Wir fahren aus den Hügeln von Sagaing zurück zum Ayeyarwady und nutzen zum Überqueren die fast einen Kilometer lange Inwa Brücke. Vor dem Überqueren muss unser Fahrer wie schon vorher, als wir aus Mandalay kommend über die Brücke gefahren sind, eine Gebühr bezahlen.

Hier an dieser wichtigen Einrichtung ist das Militär stark vertreten. Zum ersten Mal auf unserer Reise sehen wir eine größere Gruppe von Militär. Vor Beginn unserer Reise hatten wir schon befürchtet, dass die sichtbare Militärpräsenz viel stärker sei. Nach dem Bezahlen unserer Brückenmaut können wir ohne weitere Kontrolle den Ayeyarwady überqueren. Die Lebensader des Landes, die in den Bergen im Norden des Landes entspringt, erreicht hier schon eine Größe, die beispielsweise den Rhein in Deutschland bei weitem in den Schatten stellt. Und zurzeit ist hier Trockenzeit. Nach einigen Kilometern entlang des Flusses zweigt die Straße nach rechts ab und wir erreichen die Bootsanleger am Myitngeflusses, für die Fähre hinüber nach Inwa.

Wir steigen aus und werden auch hier sofort von einer Horde junger, etwa dreizehn bis sechzehnjähriger Mädchen überfallen. Sie alle haben sich mit Tanaka schöne Blattmuster auf die Wangen gezeichnet und wollen hier Sonnenhüte an den Mann und die Frau bringen. Heike ist natürlich mit ihren roten Haaren sofort umringt und die Mädchen bestaunen sie. Die Hüte aus Stroh, die sie verkaufen, sind aus einer Reihe von Segmenten gearbeitet. Diese machen es möglich, dass sie bis zur Größe einen Buches zusammengefaltet werden können. Die Mädels sind sehr gut drauf und wir haben jede Menge Spaß mit ihnen. Da wir ja noch etwas anderes machen möchten, als hier Hüte zu kaufen, bahnen wir uns einen Weg durch die kichernden Mädels und steigen das steile Flussufer hinunter zur Fähre nach Inwa.

Die Fähre ist ein altes nicht sehr vertrauenswürdig ausschauendes Boot für etwa fünfzehn Menschen. Als wir ablegen, winken uns die Mädels immer noch hinterher und freuen sich, dass wir ihnen so viel Interesse geschenkt haben. Die Überfahrt dauert nur wenige Minuten. Am anderen Flussufer laufen wir direkt in ein kleines Dorf. Es besteht aus ein paar Souvenirshops und zwei größeren Restaurants, in denen die größeren Reisegruppen absteigen. Auf dem großen Hauptplatz stehen mehrere Dutzend Pferdefuhrwerke, die auf Kundschaft warten. Die haben hier gut zu tun, denn hier in Inwa gibt es keine Autos. Bevor wir losfahren, kaufen wir uns an einem der Souvenirläden noch eine Cola und setzen uns in den Schatten eines großen Baumes. Es ist, wie wenn die Zeit stehen geblieben ist. Mann fühlt sich hier an diesem Ort, wie in das Mittelalter hinein katapultiert. Kein Motor ist zu hören, überall nur Pferdekarren, Ochsenkarren und am Flussufer sehen wir Menschen, die mit den einfachsten Mitteln ihre Felder bestellen. Nur die Cola in der Hand erinnert uns daran, dass wir schon im einundzwanzigsten Jahrhundert angelangt sind.
   Zu feilschen brauchen wir für unsere Pferdedroschke nicht, denn die Preise sind fest und man zahlt an einer zentralen Kasse. Ein Einweiser winkt den nächsten Pferdekarren ran

und wir können aufsteigen. Einzig die Größe und das Gewicht von mir ist für die Karren ein Problem. Da die einachsige Droschke ein kleines, viel zu niedriges Dach hat, muss ich während der Fahrt ständig den Kopf einziehen und mich genau auf die Höhe der Achse setzen, damit das Gewicht gut verteilt ist. Der kleine schmale Kutscher sitzt vorne und Heike, die in der gleichen Gewichtsklasse spielt, sitzt hinten. So kann es dann losgehen. Unser Kutscher legt direkt los und wir fahren durch eine sehr idyllische Landschaft.

Vorbei geht es an Reisfeldern und anderen landwirtschaftlichen Flächen. Überall stehen Bauern auf den Feldern, rupfen Unkraut oder setzen Reis. Besonders interessant sind Schöpfstellen, in denen Frauen aus Bewässerungskanälen Wasser in die Felder schöpfen. Meist ist dies ein Dreibein, an dem ein überdimensionierter Holzlöffel hängt, mit dem durch eine geschickte Bewegung der Frauen das Wasser in einem hohen Bogen auf die höher gelegenen Felder befördert wird.

Kurz vor dem Bagaya Kyaung halten wir an einer kleinen Bude am Wegesrand, um den Eintritt zum Kloster zu entrichten. Während ich bezahle, nutzt Heike die Zeit, um von einer Frau eine Flasche Wasser zu kaufen, denn die Sonne brennt hier richtig heftig und die staubigen Wege geben einem den Rest. Schnell ist das alte Kloster erreicht. Es gehört zu den ältesten Teakholzklöstern in Burma. Durch das dunkle Teakholz wirkt es wie ein mächtiger schwarzer Klotz inmitten des grünen Waldes. Die Helligkeitsunterschiede zwischen dem grellen Himmel der Mittagssonne und dem tiefschwarzen Holz machen es um diese Zeit schier unmöglich, ein vernünftiges Foto zu schießen. Aus dem Inneren hören wir Gemurmel. Das Kloster dient heute als Ausbildungsstätte für junge Novizen. Die Türen und Wände sind bei weitem nicht so verziert wie das alte Teakholzkloster in Mandalay, welches wir gestern besucht hatten. Die Säulen und Wände im Inneren sind auch nicht mit Gold belegt. In der Mitte des großen Hauptraumes befindet sich nur eine kleine goldene Buddhafigur. Der Rest besteht aus tiefschwarzen Räumen. In einer Ecke vor einem kleinen Fenster sitzen ein paar Novizen mit ihrem Lehrer. Sie nutzen das wenige Sonnenlicht, welches hier herein flutet, um ihre Gebetsrollen zu lesen und die vom Lehrer vorgetragenen Gebete zu wiederholen. Es ist richtig angenehm, beim Durchschreiten der Anlage im Hintergrund ihr monotones Gemurmel zu hören. Die Sonne brennt inzwischen ohne Gnade und wir sind froh, uns noch mit Getränken eingedeckt zu haben.

Weiter geht es wieder auf unserer Pferdedroschke. Von der eigentlichen Palastanlage ist nicht mehr viel übrig geblieben. Nur ein paar Tore und die Wassergräben sind von der einst so prachtvollen Anlage noch zu sehen. Unser Ziel ist nun der „Schiefe Turm von Inwa", wie der alte Aussichtsturm der Palastanlage genannt wird. Die obersten Stockwerke des fast dreißig Meter hohen Turms mit dem richtigen Namen Nanmyin, sind kurz nach seiner Errichtung im achtzehnten Jahrhundert durch ein Erdbeben eingestürzt und etwas im Boden versunken, was die heutige Schiefstellung zur Folge hat. Bei diesem Erdbeben wurden viele Gebäude in Inwa stark beschädigt, was die Aufgabe als Königsstadt zur Folge hatte. Vor dem Turm halten wir und unser Kutscher zeigt, dass wir hier hinaufsteigen können. Im Inneren führt eine Holzkonstruktion zur obersten Plattform. Die Konstruktion würde bei uns zu Hause keine Zustimmung der Behörden finden. Macht nichts, sagen wir uns, denn viele Leute vor uns sind auch schon hier heraufgestiegen.

Oben werden wir durch eine grandiose Aussicht für die Mühen entschädigt. Wir sehen hinüber zur Inwabrücke die über den Ayeyarwady führt und im Hintergrund die grünen Hügel mit den weißen Pagoden von Sagaing. Auf der anderen Seite die große Ebene, in der der Königspalast gelegen hat. Hin und wieder sieht man im Grün der Ebene Mauerreste der alten Palastanlage.

Weiter fahren wir mit unserem kleinen Vehikel durch die holprigen Hohlwege. Vor uns steht plötzlich wie aus dem Nichts das große und gut erhaltene Kloster Ok Kyaung. Es ist komplett aus Stein errichtet und ist den normalerweise aus Teakholz errichteten Klöstern nachgebaut. Die Wände und Simse sind sehr reich mit Stuck verziert. Wir sind zurzeit hier die einzigen ausländischen Besucher. Nur eine junge burmesische Familie hat es sich im Baumschatten vor der Klosteranlage bequem gemacht und betrachtet uns neugierig. Wir brechen nun auf, um zurück zur Bootsanlegestelle zu fahren, verabschieden uns von unserem freundlichen Kutscher und suchen mal noch schnell etwas zu futtern, denn das Sightseeing hat nicht nur durstig, sondern auch ganz schön hungrig gemacht. In einer der kleinen Buden am Ortsausgang kurz vor dem Bootsanleger werden wir fündig. Nach einem Teller Bratreis und einer großen Flasche Wasser sind wir gestärkt für unseren Besuch von Amarapura und fahren mit dem Boot zurück zum Auto.

Nun geht es zum letzten Ziel des Tages, zur U Bein Brücke von Amarapura. Sie wurde Mitte des achtzehnten Jahrhunderts aus über tausend Teakholzstämmen errichtet und ist benannt nach seinem Erbauer U Bein. Sie überspannt mit einer Länge von mehr als einem Kilometer den Taungthaman See und verbindet die Stadt Amarapura mit dem kleinen Dorf Taungthaman. An der Hauptstraße oberhalb des Sees hält unser Fahrer und wir steigen zum Seeufer hinunter. Am Seeufer liegen ein paar kleine Holzboote, deren Eigentümer gerade lautstark um Kunden buhlen. Die Brücke ist schon beeindruckend. Sie ragt etwa vier Meter beim heutigen Wasserstand aus dem See und ist knapp drei Meter breit. Die eigentliche Brücke besteht nur aus Holzplanken, welche mit etwas Abstand verlegt wurden. Wenn man hinunterschaut, kann man also ständig zwischen den Planken die vier Meter tiefer gelegene Oberfläche des Sees sehen. Dazu kommt, dass die Brücke kein Geländer hat. Lediglich die senkrecht in den See eingerammten Teakholzstämme stehen oben etwas über was eine gewisse optische Erleichterung für allzu schwindlige Zeitgenossen darstellt. Zum Glück sind wir beide schwindelfrei und können den Spaziergang über die Brücke genießen.

Auf der Brücke herrscht reger Verkehr. Immer wieder kommen uns Fahrradfahrer entgegen, oder Träger mit einer Stange über den Schultern, an deren Ende zwei vollgepackte Körbe mit Fisch oder Gemüse hängen. Kurz vor dem Ort Taungthaman führt die Brücke nicht mehr über Wasser sondern über Überflutungsgebiet, das zurzeit trocken liegt und wegen des dortigen fruchtbaren Bodens als landwirtschaftliche Fläche genutzt wird. Die Felder werden mit Hilfe von Ochsen umgegraben und auf anderen wird schon fleißig geerntet. Im Dorf, kurz bevor wir die Kyauktawgyi Pagode erreichen, stehen am Straßenrand einige sehr alte und zerfallene kleine Pagoden, die nicht zu besichtigen sind. Die große Pagode selbst ist sehr sehenswert. In ihrem Inneren steht eine bis unter die Decke reichende Buddhastatue aus hellem Marmor.

Als wir die Pagode wieder verlassen bemerken wir, dass es schon relativ spät geworden ist und wir beeilen uns, um rechtzeitig zum eigentlichen Highlight des Besuches zu kommen: Der Sonnenuntergang über dem See und im Gegenlicht die U-Bein Brücke.

Am Ufer sprechen wir einen Fischer an und fragen, was er haben möchte, wenn er uns auf den See hinausfährt. Zuerst schaut er uns etwas fragend an, doch als ich auf meine Kamera zeige und dann auf die Brücke, geht ein Lächeln über sein Gesicht, denn er weiß nun, was wir möchten. Der Preis ist schnell vereinbart und wir starten sofort. In ruhigen gleichmäßigen Schlägen rudert er uns hinaus auf den See, der nicht sehr tief ist. An einigen Stellen, selbst in der Mitte des Sees, stehen Menschen bis zur Brust im Wasser und angeln. Wenn wir an solchen Fischern vorbeikommen, ruft er ihnen etwas zu, bremst sogar das Boot und zeigt uns, was die Fischer da so fangen und wie sie es fangen. Viel Kommunikation ist nicht möglich, da keiner der Leute hier Englisch spricht und wir kein Burmesisch beherrschen. Die Sonne steht nun schon kurz über der Brücke und hat noch eine etwas gelbliche Farbe. Mit einer immer tiefer stehenden Sonne wird der Himmel immer roter. Bald steht die Sonne auf der Höhe der Brücke und geht auch ganz schnell darunter, um uns als leuchtender roter Feuerball entgegen zu scheinen.

Das ist die Zeit der Fotografen. In den wenigen Minuten dieses Schauspieles mache ich dank digitaler Fotografie mit dem Teleobjektiv mehr als dreihundert Fotos. Wie im Rausch kann man hier Bilder schießen, denn während die Sonne so schön rot hinter der Brücke untergeht, ändern sich auf der Brücke ständig die Motive. Mal ein einsamer Radfahrer, mal eine Gruppe von Bauern mit Körben beladen, mal eine Gruppe von Mönchen und vieles mehr. All dies bildet sich wie ein Scherenschnitt ab und ein Foto wird schöner als das andere.

Als die Sonne untergegangen ist, wird es sehr schnell dunkel. Dem Bootsführer zeigen wir die Stelle am Ufers, wo er uns absetzen soll. Mit geübten Manövern, um einige sehr seichte Stellen im See zu umfahren, erreichen wir das Ufer. Dort wartet auch schon grinsend unser Fahrer. Dem Fischer und unserem Fahrer zeigen wir noch auf dem Display unserer Kamera die Bilder, die wir auf dem See geschossen haben, geben dem Fischer sein Geld und verabschieden uns von ihm.

Bevor uns der Fahrer zurück ins Guesthouse fährt, bringt er uns noch bei „Mary Min Vegetarian Restaurant" vorbei, welches wir schon am ersten Abend in Mandalay besucht hatten. Dort essen wir dann wieder leckeres Gemüsecurry und verbringen dann den Rest des Abends unter den Bäumen im Garten unseres Guesthouses bei einem schönen kalten Bier.

Mingun

Es ist noch richtig früh, als ich wach werde. Heike schläft noch. Im Zimmer sind es bestimmt schon fünfundzwanzig Grad Celsius und mich hält es nichts mehr im Bett. Ich ziehe mich leise an, nehme meine Fotoausrüstung und mache mich auf, in die morgendlichen Straßen von Mandalay. In unserer ruhigen Seitenstraße ist kein Auto unterwegs. Lediglich die Nachbarin kehrt schon fleißig die Straße vor ihrem Haus. Je näher ich jedoch an die Hauptstraße komme, um so lauter wird das Geknatter von Mofas und den kleinen Sammeltaxis. Hier ist die Straße ziemlich breit und zwischen der Straße und den anliegenden Grundstücken gibt es einen Grünstreifen von etwa drei Metern. Ich suche mir dort einen Platz unter einem Baum, setze mich und beobachte das Treiben, das sich vor meiner Nase abspielt.

Die Sammeltaxis transportieren die vielen Bauern und Händler in die Stadt, die dort ihre Waren verkaufen wollen. Sie sind natürlich total überladen. Mal hängen noch Menschen aus allen Türen, sitzen fünf bis sechs Leute neben dem Fahrer im Führerhaus, oder die Ladefläche ist übervoll mit landwirtschaftlichen Produkten wie Kohl oder Melonen beladen. Schön ist es, wenn die Menschen in den Autos mich als Ausländer erkennen und beim Winken fast aus dem Wagen fallen. Aber nicht immer haben die Menschen Geld, um mit einem Sammeltaxi, oder gar mit dem eigenen Auto unterwegs zu sein. So sind zwischen den vielen Fahrzeugen auch ganz viele Menschen mit dem Fahrrad unterwegs. Manche machen auf mich den Eindruck, als würden sie beim Fahren noch schlafen, denn sie fahren mit halb offenen Augen durch diesen hektischen Verkehr. Natürlich gibt es auch einige, die ihr Fahrrad als Transportmittel für ihre Waren benutzen. Da sind zum Beispiel vorne am Lenker, in der Mitte zwischen den Beinen und hinten auf dem Gepäckträger Körbe angebracht, aus denen etwa zehn lebende Gänse herausschauen. Der Knüller ist jedoch eine Bäuerin, die auf dem Kopf eine große Blechschüssel balanciert und aus welcher die Beine von schon gerupften Hühnern herausschauen. Aus einer Seitenstraße erscheinen auch hier wieder die Bettelmönche, die in ihren roten Gewändern und schwarzen Schüsseln durch die Straßen ziehen, um Almosen von der Bevölkerung zu erhalten.

Mit Schrecken stelle ich fest, wie spät es schon geworden ist. Die Zeit ist hier an der Straße mit den vielen Eindrücken wie im Fluge vergangen. Schnell laufe ich zurück zum Guesthouse, wo Heike schon mit einer Tasse Kaffee im Garten sitzt und auf mich wartet. Die Chefin des Hauses hat mitbekommen, dass ich von meinem morgendlichen Ausflug zurück bin und so bekommen wir kurz darauf ein schönes Frühstück mit Toast, Eiern und einer frischen Papaya mit Limetten. Wir können uns Zeit lassen, denn erst um zehn Uhr kommt Thandar, um mit uns nach Mingun zu fahren.

Thandar ist pünktlich da und wir erreichen mit dem Taxi schnell die Bootsanlegestelle am Fluss. Da zur Zeit Niedrigwasser herrscht, müssen wir zuerst das steile Flussufer hinunter, um dann etwa zwanzig Meter über Holzplanken zu den Booten zu laufen. Wir nehmen nicht die normale Touristenfähre, da wir uns in Mingun Zeit lassen wollen und nicht zu einer bestimmten Uhrzeit zurückfahren möchten. Thandar verhandelt mit dem Bootsführer. Wir werden uns schnell einig und so sitzen wir wenige Augenblicke später in einer kleinen, schmalen Nussschale nach Mingun.

Der Motor des Bootes läuft ohne Schalldämpfer, was eine Unterhaltung fast unmöglich macht. Schnell lassen wir Mandalay hinter uns und fahren den Fluss aufwärts nach Mingun. Die tiefbraune Wasseroberfläche des Flusses liegt nur wenige Zentimeter unter dem Rand unseres Bootes. Wir wollen uns gar nicht ausdenken, welche Qualität diese braune Brühe hat. Hoffentlich müssen wir darin nicht schwimmen. Dann geht es an den letzten Ausläufern der Stadt vorbei. Dort stehen

Häusern am Ufer, welche mit einer Hälfte auf dem Land stehen und mit der anderen Hälfte auf Pfählen in den Fluss gebaut wurden. Vor den Häusern liegen kleine Boote, die meist nur aus ausgehöhlten Baumstämmen hergestellt wurden. Nun geht die Bebauung am Ufer zurück und mehrere Sandbänke tauchen vor uns auf. Zu unserer Verwunderung stehen auf den Sandbänken Häuser, wobei Häuser vielleicht schon etwas zu viel gesagt ist. Als wir näher kommen, erkennen wir, dass es sich um einfache Hütten aus Bambusstangen und Blättern handelt. Hier auf den Sandbänken leben Menschen auf Zeit. Sie leben ausschließlich vom Fischfang. Wenn im Sommer der Monsun beginnt und die Pegel der Flüsse um mehrere Meter steigen, werden die Häuser fortgespült und sie müssen sich etwas Neues bauen. Als die Kinder unser Boot hören, springen sie vor die Hütten und winken uns freudig zu. An einer Hütte sehen wir, dass eine Mutter das Wasser aus dem Fluss mit einem Topf entnimmt und diesen über eine Feuerstelle hängt. Uns schaudert, wenn wir daran denken, dass diese Brühe zum Kochen verwendet wird. Beim Genuss dieses Wassers wären wir sicherlich vier Wochen tot krank.

Während wir fasziniert das Leben am Fluss beobachten, kommen wir Mingun immer näher. Thandar tippt Heike auf die Schulter und zeigt nach vorne über die Spitze unseres Bootes. Im Dunst erkennen wir schemenhaft die alles überragende Silhouette der riesigen Mingun Pagode. Mit einer Höhe von über 70 Metern ist sie ein Zeichen des Größenwahns des damaligen Königs. Viele tausend Arbeiter begannen Ende des siebzehnten Jahrhunderts damit, diese Pagode zu errichten. Sie sollte eine Höhe von über 150 Metern erreichen. Die Arbeiten kamen jedoch nur schleppend voran und kamen mit dem Tod des Königs knapp 30 Jahre später zum Erliegen. Durch ein Erdbeben im Jahre 1838 wurde das Bauwerk so stark beschädigt, dass an eine Fertigstellung nicht mehr zu denken war. Heute ist sie die meist fotografierte Pagode in Mingun.

Beim Anlegen des Bootes sind wir froh, dass unser Boots-führer mit viel Schwung auf den Strand aufgefahren ist und uns das Durchwaten des schlammigen Wassers erspart bleibt. Kurz nach dem Landungssteg zahlen wir den von Touristen zu entrichtenden Eintritt und laufen zu einem Gebäude, welches in unmittelbarer Nähe zur Mingun Pagode liegt. In diesem Gebäude wurde vom Myanmar Förderverein eine Computer-klasse eingerichtet. Die Kinder haben hier die Möglichkeit, den Umgang mit dem PC zu erlernen, um so später mehr Chancen auf dem Arbeitsmarkt zu haben. Jerry, der Compu-terlehrer begrüßt uns sehr herzlich und zeigt uns ganz stolz sein Reich. Dieses besteht aus einem Raum, in dem inzwi-schen gut zehn Computer stehen, an denen die Schüler üben können. Der Raum wirkt sehr fremd auf uns. Hier die moder-ne Technik und draußen am Fluss haben die Menschen kein sauberes Trinkwasser. Jerry zeigt uns Rechner für Rechner und zu jedem erzählt er eine Story, wie die Computer hierher kamen und wer sie gestiftet hat. Als Dank für seine tolle Füh-rung überreichen wir ihm eine große Tüte mit Kugelschrei-bern, welche wir aus Deutschland mitgebracht haben. Viele Kinder hier haben nicht einmal das Geld, um sich Stifte für den Unterricht zu leisten. Mit strahlenden Augen nimmt er die Schreiber entgegen. Wir verabschieden uns von ihm und laufen durch das Dorf zur Nähschule des Fördervereins.

Unterwegs sind wir ein gefundenes Fressen für die vielen Kinder, die hier auf Touristen warten, um ihnen Postkarten, Hüte, Stoffe, Schnitzereien und vieles mehr zu verkaufen. Thandar kennt viele dieser Kinder, da ihre Mutter hier in Min-gun lebt und sie selbst vor Jahren noch hier gestanden hat, um ihrer Familie durch den Verkauf von Souvenirs den Lebens-unterhalt zu sichern.

Die Begegnung mit diesen Kindern im Jahr 2000 war der Start zur Gründung des Myanmar Fördervereins. Das Ehe-paar Runge war so überwältigt und beeindruckt beim Kontakt mit diesen Kindern, dass sie beschlossen den liebenswerten Menschen hier zu helfen. Durch die Gründung des Vereins und die vielen Helfer, die sie für ihre Arbeit begeistern konnten, haben sie schon viel erreicht. Die Unterstützung der Klosterschule in Mandalay, der Bau einer Schulklinik, Vermittlung von Patenschaften, Unterrichtung von Lehrern, Computerunterricht, eine Schreinerwerkstatt, eine Nähschule und vieles mehr.

Das Haus der Nähschule ist schnell erreicht und wir werden freudig von ein paar Schülerinnen und ihrer Lehrerin begrüßt. Stolz zeigen sie uns ihre Nähmaschinen und die Ergebnisse ihrer Arbeit. Schöne Kissen, Taschen und jede Menge Krawatten. Diese Sachen werden verkauft und der Gewinn geht zu hundert Prozent an die Schule. Die Mädchen sind ganz heiß, uns möglichst viele ihrer Arbeiten zu zeigen. So lassen wir uns richtig Zeit und es füllt sich der Tisch vor uns mit den Stoffen und Handarbeiten der letzten Wochen. Thandar erinnert uns aber bald, dass wir noch einen Termin beim Bürgermeister haben. So verabschieden wir uns von der netten Gruppe, jedoch nicht ohne vorher unter viel Gelächter noch ein paar Fotos zu machen.

Im Dorf kommt uns ein Mann mittleren Alters mit einem freundlichen Lächeln und mit dem hier üblichen Longyi bekleidet entgegen. Es ist der Bürgermeister. Da es sich natürlich schnell herumgesprochen hat, dass der erwartete Besuch aus Deutschland schon angekommen ist, kommt er uns schon entgegen. Zum Glück haben wir Thandar dabei, denn leider spricht er kein Englisch. Freundlich werden wir begrüßt und wir beginnen damit, uns die Schäden der starken Regenfälle des letzten Monsuns zu betrachten. Zuerst laufen wir an kleinen Bambushütten vorbei, zu einer Stelle oberhalb des Dorfes, dort wo das Hochwasser im Dorf seinen Ursprung hatte. Immer wieder zeigt uns der Bürgermeister an Bäumen, wie hoch das Wasser hier gestanden hat. Viele Hütten sind noch zerstört, wenige sind inzwischen wieder neu aufgebaut, an vielen wird noch gearbeitet.

Am Ziel angekommen sehen wir den Grund für die gewaltige Sinnflut. Es gibt dort ein kleines Tal, welches aus den Hügeln oberhalb des Dorfes herausführt. Es kommt dort aus einem kleinen Wald und das Gelände wird hier etwas flacher. Das hat zur Folge, dass die Geschwindigkeit des Wassers abnimmt und sich an dieser Stelle jede Menge Sand absetzten kann. Dadurch wurde über die Jahre das Tal hier immer flacher und das Wasser tritt bei Starkregen über die Ränder. Zum Schutz des Dorfes haben die Bewohner einen kleinen Damm errichtet, der jedoch beim letzten Monsun den Wassermassen nicht standgehalten hat. Der Damm bestand eigentlich nur aus einer kleinen Ziegelmauer, die dem hohen Druck einfach nicht standhalten konnte. Auf einem mitgebrachten Block zeichnen wir auf, wie ein solcher Damm am sinnvollsten aussehen sollte und wie er mit den hier zur Verfügung stehenden Mitteln hergestellt werden kann. Die Verständigung ist äußerst schwierig, da natürlich in einem solchen Gespräch normalerweise Vokabeln verwendet werden, die über das Normale hinausgehen. Aber gemeinsam schaffen wir auch diese Herausforderung und so gibt es dann auch bald einen zu realisierenden Vorschlag, wie der zukünftige Damm auszusehen hat.

Zurück im Dorf zeigen sie uns noch die Stellen, wo sich das Wasser den Weg zum Fluss gebahnt hatte. In einer Rinne stand das Wasser bis zu drei Metern hoch und zerstörte die umliegenden Gebäude. Heute in der Trockenzeit können wir uns kaum vorstellen, wie viel Wasser hier in der Regenzeit vom Himmel fällt. Vom Bürgermeister werden wir dann noch zu einem Tee eingeladen. Während wir den Tee genießen, bringt die Chefin des Hauses ein Fotoalbum und zeigt uns stolz Bilder ihrer Familie. Auch wir erzählen von unserer Familie und wie und wo wir leben. Es ist interessant, dass wir so unterschiedlich in Sachen Familie gar nicht sind, obwohl wir in so unterschiedlichen Kulturkreisen zu Hause sind. Wir verabschieden uns von unseren Gastgebern, wünschen dem Dammbau noch ein gutes Gelingen, und laufen zum Haus von Thandars Mutter.

Sie wohnt in der Hauptstraße des Dorfes und lebt vom Verkauf von Souvenirs an Touristen. Auch hier werden wir sehr freudig begrüßt und schnell steht fest, dass wir bei ihr zum Essen eingeladen sind. Während sie sich in der Küche betätigt, sitzen wir an einem Tisch vor ihrem Haus. Natürlich hat es sich ganz schnell herumgesprochen, dass Ausländer zu Besuch gekommen sind. So sind wir auch nicht wirklich überrascht, dass binnen kurzer Zeit sämtliche Nachbarn eintreffen, um uns kennen zu lernen. Ständig müssen wir Hände schütteln und machen unsere Späße mit den vielen Kindern, die auch mit dabei sind. Das Essen von Thandars Mutter ist echt lecker. Es gibt Reis mit einem scharfen Gemüse und einen kleinen Reiskuchen. Da die Familie nicht viel besitzt und wir uns gerne für das leckere Essen bedanken wollen, kauft Heike zum Abschied noch einen schönen Longyi und rundet den Preis großzügig nach oben auf.

Auf dem Rückweg besichtigen wir noch die beeindruckende Hsinbyume Pagode. Die Architektur ist sehr eigensinnig. Die Pagode stellt den Berg Meru da, der für das Zentrum der Welt steht. Umgeben ist die Pagode von sieben Terrassen, deren äußere Ränder mit Wellen versehen sind, welche die sieben Gebirgsketten darstellen, die den Berg Meru umgeben. Hier gibt es sehr viele bettelnde Kinder, da die Pagode von fast allen Reisenden in Mingun besichtigt wird. Zum Glück ist auch hier wieder Thandar dabei, sodass wir einen anderen Zugang zu den Kindern bekommen.

Auf dem Weg zum Fluss kommen wir noch an der größten Glocke der Welt vorbei. Sie ist ein Überbleibsel des Größenwahns des Königs, der sie für seine Großpagode fertigen ließ.

Mit etwa neunzig Tonnen soll sie die größte funktionierende Glocke der Welt sein. Sie hängt von schweren Eisenträgern gehalten unter einer Überdachung. Viele Kinder hier machen sich einen Spaß, klettern unter die große Glocke und stoßen dann von innen mit Steinen dagegen, was dann zu einem dumpfen, dunklen Läuten führt.

Nun heißt es Abschied nehmen von Mingun und seinen netten Bewohnern. Auf dem Weg zum Boot treffen wir noch zwei Mädels aus der Schule in Mandalay. Sie waren hier, um ihre Eltern zu besuchen und sind nun auch auf dem Weg zurück nach Mandalay. Zusammen mit ihnen machen wir noch etwas Powershopping an den Touristenständen und kaufen ein paar schöne Lackdosen.

Zurück in Mandalay heißt es nun auch Abschied nehmen von Thandar. Die paar Tage, die wir hier verbrachten, waren sehr intensiv. Wir sahen jede Menge Armut und viele Dinge, die wir auf den ersten Blick nicht verstanden. Thandar hatte jedoch sehr viel Geduld mit uns und erklärte uns alles bis ins kleinste Detail. Bei den Kontakten mit Einheimischen, die der englischen Sprache nicht mächtig waren, half sie uns die Sprachbarriere zu überwinden. Dies alles und vor allem ihr ständiges Lächeln machten es uns sehr leicht, sie in unser Herz zu schließen. Der Abschied fällt uns wirklich schwer. Lange winken wir dem dreirädrigen Pritschenwagen nach, der uns von der Bootsanlegestelle an unser Guesthouse zurückgefahren hat. Wir wünschen ihr auf jeden Fall viel Glück …

Da wir am nächsten Tag mit dem Boot nach Bagan fahren werden, stürzen wir uns, obwohl wir heute schon sehr viel gesehen und erlebt haben, noch einmal ins Gewühl. Wir möchten uns nämlich noch zwei ganz interessante Ziele in Mandalay anschauen. Zum Einen die Goldbearbeitungsbetriebe im südlichen Teil der Stadt und den großen goldenen Buddha in der Mahamuni Pagode.

So laufen wir wieder die paar Meter vor an die Hauptstraße und fahren mit einem Taxi zu den Blattgoldherstellern. Unser Fahrzeug hält vor einem von außen ganz unscheinbaren Gebäude. Wir treten ein und stehen in einem Verkaufsraum, wo alle möglichen Dinge aus Gold oder vergoldet verkauft werden, angefangen vom Kerzenständer, über die Schmuckschatulle bis zur großen Buddhafigur. Eine junge Frau begrüßt uns freundlich und fragt, ob sie uns die Werkstatt und die Bearbeitung des Goldes zeigen darf. Wir sind natürlich sofort begeistert, nehmen das Angebot an und folgen ihr in die im hinteren Teil des Gebäudes liegenden Räume. Dort gibt es einen durch große Glasscheiben abgetrennten Raum, in dem fünf junge Frauen an kleinen Tischen sitzen. Da wir im Moment die einzigen Touristen sind, brauchen wir nicht vor der Glasscheibe stehen zu bleiben, sondern dürfen mit unserer Begleitung den Raum betreten.

Hier werden die Dinge, die wir vorher im Verkaufsraum gesehen haben mit Blattgold belegt. Es ist interessant zu sehen, mit welcher Fingerfertigkeit die hauchdünne Goldfolie auf die Buddhafiguren aufgetragen wird. Am Kopfende des Tisches sitzt ein etwas mürrisch wirkender Mann. Er ist scheinbar der Aufpasser hier. Er hat die Mädels ständig im Blick und prüft sicherlich, dass sie nichts von dem wertvollen Metall in die eigene Tasche stecken. Zwei der jungen Damen verpacken die Päckchen, in denen das Gold zu dieser dünnen Folie geschlagen wird. Zwischen jede Folie wird ein Pergamentpapier gelegt. Wenn so ein Bündel von etwa acht Zentimetern Dicke entstanden ist, wird das Ganze fest eingeschlagen und zu einem Paket verschnürt.

Um uns den weiteren Bearbeitungsgang anzuschauen, verlassen wir den Glasraum und folgen unserer Führerin in die Werkstatt, aus der schon heftiges Klopfen zu hören ist. In dem kleinen Raum stehen zwei junge Männer auf einem kleinen Podest. Zwischen ihren Beinen liegt in einer Halterung eines der Pakete, welche wir eben gesehen haben. In einer gebückten Haltung schlagen die Männer mit einem großen Vorschlaghammer immer wieder auf das Paket. Es ist irre, welch einen anstrengenden Job die Männer hier verrichten. Den ganzen Tag in einer solch gebückten Haltung hier die Pakete zu bearbeiten, damit am Ende das Gold darin zu einer hauchdünnen Folie geworden ist. Pausen dürfen die Zwei auch machen. Neben jedem der Männer steht eine Wasserschüssel, in der eine kleine Schale schwimmt. Die Schale hat ein kleines Loch und so fliest ständig eine kleine Menge Wasser hinein. Nach einiger Zeit geht die Schale dann unter, wie wenn ein Boot kentert. Dann wird die Schale wieder neu aufgesetzt und die Prozedur beginnt von Neuem. Einmal wird gearbeitet und das nächste Mal wird Pause gemacht. So geht das etwa fünf Stunden. Die Männer sind mächtig stolz, als wir von ihnen ein paar Bilder machen, während sie ihre mühevolle Arbeit verrichten. Ganze Generationen haben sich mit dieser schweren Arbeit schon ihr Geld verdient. Diese Arbeiter leben sogar in diesem Raum mit ihren Familien.

Draußen beginnt es schon etwas zu dämmern und wir sputen uns, um noch im Hellen zur Mahamuni Pagode zu gelangen. Der Fahrer hat auf uns gewartet und fährt uns zum Eingang der Pagode. Hier ist die Hölle los, Hunderte von Gläubigen sind unterwegs. Nach der Shwedagon Pagode und dem goldenen Felsen ist es das wichtigste Pilgerziel der Gläubigen in Burma. Lustig sind in den Hallen, vor der eigentlichen Pagode, die Stände der Andenkenverkäufer. In Italien ist es der Papst auf der Kaffeetasse, hier ist es eine Buddhafigur mit blinkenden Lichtern auf dem Kopf. Zur heiligen Buddhafigur kommen wir fast nicht durch. Hier sitzen die Pilger auf dem Boden und rücken dann auf, wenn vorne andere Pilger die Buddhafigur erreicht haben und den Raum verlassen. Frauen sind hier keine zugelassen. Wir betrachten uns die Szenerie. Viele der Pilger haben etwas Blattgold dabei, welches sie beim Erreichen der heiligen Figur auf die Oberfläche auftragen. Durch die Vielzahl der Besucher, welche dieses Ritual schon vollzogen haben, ist die Figur an einigen Stellen schon richtig unförmig geworden. Eine richtig dicke Goldschicht ist aus den Goldfolien der Pilger entstanden.

Nun merken wir doch, dass wir schon viele Stunden auf den Beinen sind und uns heute ein viel zu großes Programm aufgesetzt hatten. Wir verlassen die Pagode. Durch das Dunkel der Nacht fahren wir noch beim Nepali vorbei, essen dort in der kleinen Garage eine leckere Thali und trinken zum Abschluss noch einen Milchtee mit Gewürzen, Chai genannt. Zurück im Guesthouse gibt's noch einen Absacker. Dann zahlen wir unsere Rechnung und nehmen unsere Boottickets entgegen, welche unsere netten Vermieter uns schon besorgt haben. Todmüde fallen wir dann ins Bett.

Shwedagon Pagode in Yangon am Tag

Shwedagon Pagode in Yangon in der Nacht

Yangon - Gesichter der Stadt

Yangon - Gesichter der Stadt

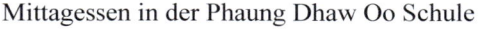

Unterricht in der Phaung Dhaw Oo Schule in Mandalay

Mittagessen in der Phaung Dhaw Oo Schule

U - Bein Brücke in Amarapura

U Bein Brücke in Amarapura im Sonnenuntergang

Pagoden in der Ebene von Bagan

Sonnenuntergang in Bagan

Dorf im Inle See

Fischer auf dem Inle See

Haus beim Trekking in den Bergen östlich des Inle Sees

Kinder in einem Dorf am Inle See

Bootsfahrt nach Bagan

Als wir an der Schiffsanlegestelle ankommen, liegt noch dichter Nebel über dem Ayeyarwady. Um fünf Uhr hatte uns der Wecker aus dem Schlaf gerissen. Pünktlich um sechs kam dann unser Taxi und nun stehen wir hier etwas verschlafen am Ufer und suchen unser Schiff. Trotz der frühen Morgenstunde ist hier schon mächtig was los. Überall werden Waren transportiert. Ständig fahren Mofas, PKW´s und große Lastwagen vor. Menschen und Waren werden entladen und auf die Schiffe verteilt, die hier am Steilufer des Flusses liegen. Man spürt, dass dieser Fluss die Lebensader des Landes darstellt. Unser Schiff ist zu unserer Erleichterung nicht eines der alten und ungepflegten Seelenverkäufer. Es ist zwar nicht das Neuste, aber doch noch sehr gut in Schuss. Das Schiff hat unten direkt über der Wasseroberfläche einen großen Raum, in dem wie in einem Kino Sitzreihen installiert sind, so dass man während der Fahrt nach vorne hinausschauen kann. Durch die großen Fenster wirkt der Raum relativ groß. Oben im zweiten Stock ist eine Sonnenterrasse, von der man eine schöne Rundumsicht hat. Dies wird sicherlich der von uns meist genutzte Platz auf unserer Fahrt nach Bagan sein. Nachdem wir die Rucksäcke unten im Hauptraum deponiert haben, stellen wir uns auf das Sonnendeck und beobachten das Treiben hier zwischen den Schiffen.

Inzwischen geht am Horizont die Sonne auf. Sie ist jedoch nur als milchige Scheibe durch den Morgennebel zu erkennen. Am anderen Ufer auf einer Sandbank sehen wir die Bambushütten der armen Leute. Es wirkt richtig gespenstisch. Die Nebelschwaden, das noch goldgelbe Licht der Sonne und dazwischen die Rauchsäulen der offenen Feuerstellen. Hannes Taxi ist auch gerade angekommen. Sie verstaut ebenfalls ihre Tasche unten im Boot und steht kurz darauf neben uns auf dem Oberdeck. Die letzten Tage hat sie damit verbracht, morgens in der Klosterschule noch etwas Deutschunterricht zu geben und nachmittags die Umgebung etwas ausgiebiger zu erkunden. Unser Gespräch mit ihr wird jäh unterbrochen. Wir stehen nur zwei Meter neben dem großen Horn, welches der Kapitän dreimal blasen lässt.

Endlich geht es los. Vor uns liegen etwa 180 km, für die wir etwa 10 Stunden benötigen werden. Voll besetzt ist das Schiff nicht. Es sind außer uns ein paar burmesische Geschäftsmänner mit an Bord, etwa zwanzig Familien, zwei kleine Reisegruppen mit etwa zehn Teilnehmern und ein paar allein reisende Globetrotter wie wir. Da es die Sonne immer noch nicht geschafft hat, den Nebel zu vertreiben, wird es durch den Fahrtwind hier oben auf dem Deck recht ungemütlich und kalt. Wir sind froh, dass wir unsere Fleecejacken nicht im Rucksack gelassen haben. Den meisten Fahrgästen ist es zu frisch und so stehen wir bald alleine auf dem Deck und genießen in Ruhe die Landschaft, die an uns vorüberzieht.

Vor uns tauchen schon bald die Hügel von Sagaing auf und wir fahren unter der riesigen Brücke durch, über die wir vor wenigen Tagen beim Besuch von Sagaing gefahren sind. Der Nebel hat sich zum Glück aufgelöst und so haben wir nun einen schönen Blick auf die, in den grünen Hügeln verstreut liegenden weißen Pagoden. Auf der linken Seite sehen wir sogar den „Schiefen Turm von Inwa". Die goldenen Kuppeln und das Weiß der Pagoden setzen sich schön gegen das Grün der umliegenden Hügel ab. Immer wieder kommen uns lange Holzboote mit einem furchtbar lauten Motor entgegen. Die Boote sind übervoll mit Menschen besetzt, die aus den Vororten nach Mandalay zum Arbeiten fahren: Sicherheit gleich Null. Total überladen und keine Rettungsringe oder Schwimmwesten an Bord.

Nun wird es jedoch spannend. Vor uns macht der Ayeyarwady eine riesige Schleife. Durch die unterschiedlichen Strömungsgeschwindigkeiten haben sich hier gefährliche Sandbänke gebildet. Vor uns hängt schon ein Frachtschiff mit seinem Bug in einer solchen Sandbank und versucht sich durch eigene Motorleistung zu befreien, was eine mächtige schwarze Abgaswolke zur Folge hat. Zum Glück treibt diese nicht zu uns herüber, sondern verzieht sich in die entgegengesetzte Richtung. Interessant ist das Tiefenmessgerät unseres Schiffes. Zwei Crewmitglieder sind, mit langen Bambusstangen bewaffnet, nach vorne zum Bug des Schiffes gelaufen und stochern mit den Stangen im trüben Wasser, um uns so vor dem Aufsetzen zu bewahren. So dauert es gut eine halbe Stunde, bis wir in sehr, sehr langsamer Fahrt diese Passage gemeistert haben. Inzwischen ist auch das Frachtschiff wieder von der Sandbank freigekommen.

Mit voller Kraft geht's nun Richtung Bagan. Immer wieder überholen wir große aus vielen Baumstämmen zusammengebundene Flöße. In der Mitte dieser Stämme steht meist eine kleine Bambushütte, in der die ganze Familie wohnt. Sie haben die Stämme im Norden des Landes geschlagen. Danach befördern sie diese über den Ayeyarwady in die großen Städte des Landes, wo sie dann für etwas mehr Geld verkauft werden können. Nach dem Verkauf lassen sie sich von Lastwagenfahrern oder als Passagier auf einem der alten, maroden Schiffe wieder in die Berge, im Norden fahren.

Auf dem Oberdeck ist nun richtig was los. Die Sonne hat den Nebel endlich vertrieben und so kommen die Reisenden aus der warmen Kajüte. Eine der Reisegruppen ist ein koreanischer Fotoclub. Einige von ihnen haben sogar Stative mitgebracht, da sie die langen Teleobjektive nicht mehr von Hand halten können. Da sind Objektive mit an Bord, die man nur bei Presseterminen oder am Rande eines Fußballspiels sieht. Die kleinen Dörfer an den steilen Ufern bilden immer wieder schöne Fotomotive. In manchen Dörfern sehen wir auch die Auswirkungen des letzten Monsuns. Manche Häuser, die vielleicht noch vor dem großen Regen in der Mitte eines Dorfes und viele Meter von der Uferböschung gestanden haben, stehen nun direkt an der Steilkante zum Fluss, oder sind sogar verlassen, da sie schon mit einer Hälfte über dem Abgrund hängen. Der Fluss ist an manchen Stellen so breit und hat so viele Sandbänke, dass man das andere Ufer nicht mehr sieht, oder wir vorher gar nicht erkennen können, welche der vielen Rinnen vor uns denn nun der richtige Weg ist.

Nach ein paar Stunden und einer Schüssel Bratreis mit Gemüse verlangsamt das Schiff seine Fahrt und biegt nach rechts in einen Seitenarm des Ayeyarwady ein. In dem engen Kanal stehen wieder die menschlichen Echolote am Bug des Bootes und dirigieren den Kapitän sicher durch das seichte Wasser. Kaum haben die Menschen im Dorf das Schiff gesehen, rennen sie in ihre Häuser und kommen zu dem vor uns liegenden Anleger gelaufen. Mit dabei haben sie dann Körbe mit Früchten, selbst gekochtes Essen und Stoffe in bunten Farben. Wir legen seitlich an.

Dieses Dorf hier sieht recht heruntergekommen aus und wir fragen uns, was hier so wichtig ist, dass das Schiff ausgerechnet hier anlegt und auch ein paar Einheimische ein und aussteigen. Die Menschen aus den Dörfern dürfen den Anleger nicht betreten und so stehen sie rechts und links davon, um ihre Waren an den Mann oder die Frau zu bringen. Da es vom Schiff doch eine paar Meter bis zur Uferlinie sind, steigen die Menschen in den Fluss und stehen teilweise bis zur Brust im Wasser. Auf den Köpfen balancieren sie ihre Waren und reichen sie den Käufern auf dem Boot herauf. Trotz all der Armut, die wir hier sehen, bewundern wir die Freundlichkeit, die uns entgegengebracht wird. Auch wenn wir ein Angebot dankend ablehnen. Die Menschen hier sind immer am Lächeln. Eine Gabe, die man in reicheren Ländern, also im Sinne von materiellem Reichtum, leider nur noch selten findet. Im weiteren Verlauf dieses Seitenarmes liegen einige große Frachtschiffe, welche durch abenteuerliche Konstruktionen mit dicken Holzstämmen beladen werden. Wir vermuten, dass die Verschiffung von den Tropenhölzern der Grund ist, warum wir gerade hier im nirgendwo halten.

Nach einem Halt an der Anlegestelle von Nyaung-U sehen wir auf der linken Seite schon die ersten Tempelanlagen von Bagan. Da der Fluss auch hier ständig seinen Weg ändert, stehen manche Tempel, die früher mitten im Pagodenfeld lagen, heute am Fluss. Als wir dann endlich an die Anlegestelle von Old-Bagan kommen, geht gerade vor uns die Sonne als roter Ball über dem Ayeyarwady unter. Unten am Boot das gleiche Schauspiel wie am ersten Stopp, nur stehen die Menschen nicht im Wasser, sondern am Ende des Schiffanlegers und es beginnt ein Spießrutenlauf zwischen den vielen Händlern, Schleppern und Taxifahrern. Doch zu allererst müssen wir noch zehn Dollar Gebühr für den Besuch dieser Region an einem kleinen Schalter zahlen.

Da wir aus vielen Reisen gelernt haben, laufen wir zuerst mal an der großen Menschenmasse vorbei. Wo es etwas ruhiger ist und man sich in Ruhe die Menschen ansehen und auch besser verhandeln kann, bleiben wir stehen und suchen uns ein Transportmittel. Mit einem netten jungen Mann werden wir schnell einig und so fahren wir zusammen mit Hanne, welche direkt in einem Nachbarhotel von uns untergekommen ist, zu unserem „Bagan Thande Hotel", welches in Old-Bagan liegt.

Dieses Hotel haben wir von Herrn Pfeiffer buchen lassen. Sicherlich hätten wir auch in einem der kleinen Gästehäuser in Nyaung-U oder in New Bagan übernachten können, aber wir wollten unbedingt in Old Bagan übernachten. Das Hotel passt eigentlich gar nicht so in unsere Art zu reisen, aber ein schönes Hotel zwischendurch ist ja auch nicht zu verachten. Nach dem Einchecken verbringen wir den Abend bei einem kühlen Bier und einem leckeren Essen auf der Terrasse oberhalb des Ayeyarwady. Die Terrasse ist ein Traum. Vorne in der ersten Reihe stehen ein paar Stühle Richtung Fluss. Diese sind zu Zweiergruppen zusammengestellt. Dazu gehört ein kleiner Tisch, auf dem die Drinks und zum Knabbern eine Schüssel mit gerösteten Erdnüssen stehen. Dahinter gibt es normale Tische, an denen man unter angestrahlten riesigen Bäumen sein Abendessen einnehmen kann. Das Rot des Sonnenuntergangs und der Scherenschnitt der Hügelkette spiegeln sich im Wasser des Flusses. Luxus pur. Es ist richtig unwirklich, hier so luxuriös zu verweilen. Wir schreiben noch unser Tagebuch und fallen dann todmüde ins Bett.

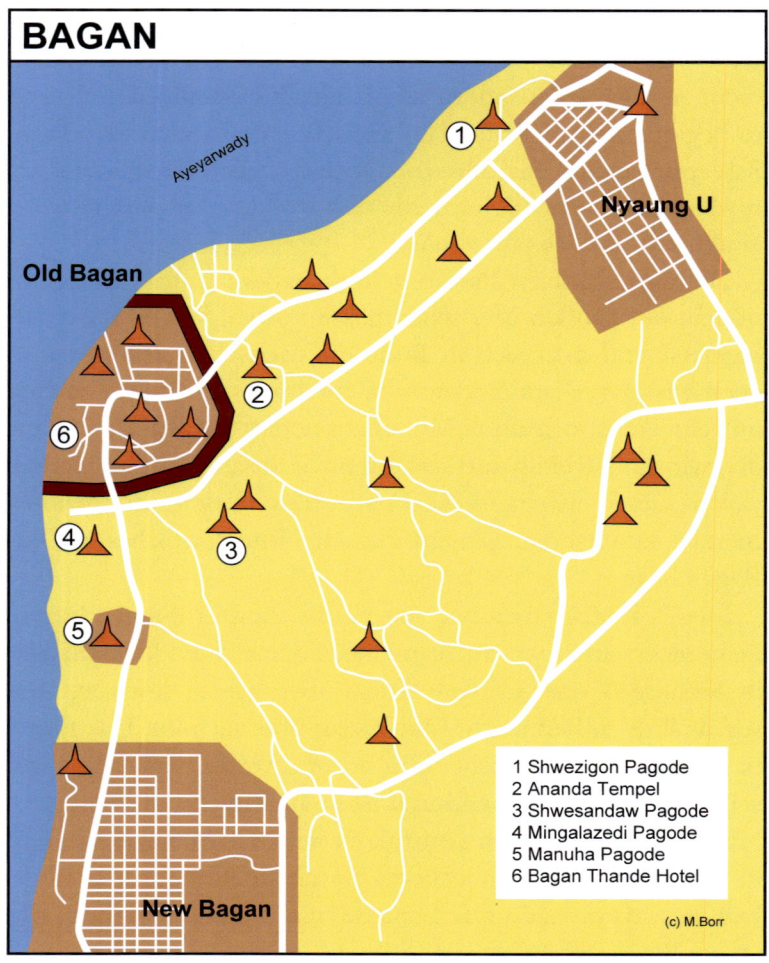

BAGAN

Ayeyarwady

Nyaung U

Old Bagan

1 Shwezigon Pagode
2 Ananda Tempel
3 Shwesandaw Pagode
4 Mingalazedi Pagode
5 Manuha Pagode
6 Bagan Thande Hotel

(c) M.Borr

New Bagan

Bagan

Wir haben Glück und können heute mal richtig ausschlafen, denn in unserem Bungalow sind wir die einzigen Gäste. Die Anlage hier ist sehr großzügig angelegt. In einem großen Garten steht in der Mitte das Haupthaus mit Rezeption und die Doppelbungalows für die Gäste sind über kleine Pfade, welche den Garten durchziehen, vorbei an kleinen Teichen zu erreichen. Ausgiebig genießen wir das Frühstücksbuffet auf der Terrasse. Dann machen wir uns auf, um eines der Highlights Burmas zu erkunden.

Wir haben für Bagan die nächsten drei Tage eingeplant. Über die Historie von Bagan ist kaum etwas überliefert worden. Man weiß nur, dass der Höhepunkt Bagans um das 12. Jahrhundert gelegen haben muss. Könige, reiche Kaufleute und Gläubige ließen hier die Bauwerke errichten. Die einen, um ihre Stärke und ihren Reichtum zu zeigen, die Gläubigen, um nach der Wiedergeburt ein besseres Leben zu erlangen. Noch heute werden hier neue Pagoden errichtet, was jedoch nicht immer im Einklang mit historischen Baustilen erfolgt. Doch noch liegt eine mystische Stimmung hier über dieser Ebene und ihren vielen Tempeln.

Vor unserem Hotel warten schon ein paar Einheimische mit Pferdekutschen auf Kundschaft. Wir nehmen das Angebot eines jungen Mannes an und vereinbaren mit ihm, dass er uns mit seiner Kutsche die wichtigsten Tempel hier in der Ebene zeigt. Mit einer Kutschenfahrt zu beginnen, hat den Vorteil, dass wir eine Übersicht über die Tempelanlagen und die Entfernungen bekommen. Denn geplant haben wir, in den nächsten Tagen auch mal mit einem Fahrrad loszuziehen.

Wir steigen auf die Kutsche und mit der Erfahrung von der Fahrt in Inwa, wissen wir schon, wie wir am besten unser Gewicht, auf dem einachsigen Wagen, verteilen. Los geht´s. Unser erstes Ziel ist gleich in der Nähe unseres Hotels. Es ist der

Gaw Daw Pali Paya, ein etwa sechzig Meter hoher Tempel. Er wurde bei dem Erdbeben von 1975 beschädigt, ist aber inzwischen mit Hilfe der Unesco wieder saniert worden. Im Eingangsbereich der Gesamtanlage, dort wo wir auch unsere Schuhe ausziehen müssen, steht ein kleiner Torbogen, in dem eine Glocke hängt, welche von den Gläubigen vor dem Betreten der Anlage geschlagen wird. Nur die untere Ebene des zweigeschossigen Tempels ist für Besucher zugänglich. Dort führt ein Gang um dessen kreuzförmigen Grundriss. In den vier Himmelsrichtungen stehen in dem Gang etwa fünf Meter hohe, vergoldete Buddhafiguren. Davor wie immer die vollgefüllten Spendenboxen. Beeindruckend sind die filigranen, gut erhaltenen Wandmalereien hinter den Figuren. Wir laufen noch zwei Mal um den Tempel herum, weil wir uns gar nicht sattsehen können an den vielen Türmchen, Fresken und der goldenen Stupa, die die Spitze des Tempels ziert.

Wir verlassen beim Durchfahren der alten Stadtmauer Old Bagan. Auf halbem Weg nach Nyaung-U fährt unser Fahrer einen kleinen Sandweg links des Weges ab und wir besuchen hier eine kleinere Pagode aus Ziegelsteinen. Hier sind wir die einzigen Besucher. Wir können auf die oberste Terrasse emporsteigen. Von oben bietet sich ein fantastisches Bild über die Ebene. Vor uns sehen wir die Spitzen einer Vielzahl von Pagoden und Tempeln. Wir versuchen uns vorzustellen, wie das Leben sich hier vor achthundert Jahren abgespielt hat. Es fällt uns relativ leicht, denn unten vor dem Tempel steht unsere Kutsche und auf einem Feld in der anderen Richtung bearbeitet gerade ein Bauer das Feld mit Pflug, der von einem Ochsen gezogen wird. Nur ein unten vorbeifahrender alter Bus mit nicht vorhandenem Auspuff führt uns wieder in unsere Zeit zurück.

Kurz vor Nyaung-U liegt die Shwezigon Paya. Die goldene Stupa ist eine der bekanntesten Pagoden und gilt als Vorbild für viele spätere sakrale Bauwerke. Hier ist leider alles auf den

Massentourismus eingestellt. Es gibt viele sehr junge, penetrant bettelnde Mönche, die eigentlich keine Mönche sind, sondern einfache Jungs der Straße. Postkartenverkäufer rennen den Touristen nach und alte Frauen, die Cheroots, riesige selbst gedrehte Zigarren, gegen Fotogeld rauchen, stehen im Mittelpunkt der Touristen. An den Ständen in dem langen Säulengang vor der Pagode werden überall Lackarbeiten angeboten. Wir fragen uns, ob dieser lange Gang hier vor der Pagode gebaut worden ist, damit die Touristen hier im Schatten besser Geld ausgeben können oder ob der uns sehr neu vorkommende Bau wirklich schon zur Pagode gehört. Wir ahnen, dass das wirtschaftliche Interesse hier wohl eher im Vordergrund gestanden hat.

Leider kommt durch den ganzen Touristenrummel die Schönheit der dreistöckigen goldenen Pagode zu kurz. Beim Betreten des Innenhofes sind wir total geblendet vom vielen Gold, in dem sich die Sonne spiegelt. Auf den heißen Marmorplatten verbrennen wir uns fast unsere Fußsohlen. Vom Schuhe tragen verwöhnt, fällt es richtig schwer, hier über diese heißen Flächen zu laufen. So flüchten wir uns auf die andere Seite, wo der Schatten der umliegenden Gebäude einen etwas kühleren Untergrund bietet. Hier setzten wir uns hin und lassen das ganze Schauspiel auf uns wirken. Abstoßend ist auf jeden Fall das Verhalten einiger ausländischer Gäste. Die steigen hier aus dem Bus und mit Minirock und Spaghetti-Trägern bekleidet besichtigen sie diesen Tempel. Mit Rücksicht und Verständnis für andere Kulturen und Wertvorstellungen hat das nicht viel zu tun.

Um die goldene Hauptpagode stehen unzählige kleinere goldene Pagoden auf weißen Sockeln. Dazwischen sind immer wieder Gläubige, die hier Opferblumen niederlegen und Räucherstäbchen anzünden. Da nun wieder eine neue Ladung mit Touristen eintrifft, die sich über die jungen Mönche mit Fotokameras hermachen und diese auch noch dafür bezahlen, verlassen wir diese eigentlich sehr schöne Pagode und suchen uns wieder welche, die etwas abseits der Haupttouristenströme liegen.

In der Nähe der Shwezigon Paya liegt der Kyanzittha Umin Höhlentempel. Hier sind wir nun die einzigen Besucher. Die Taschenlampe, die wir mitgebracht haben, ist hier Gold wert. Denn nur so kann man sich die schönen Wandmalereien in den langen dunklen Gängen der Anlage anschauen. Ein Burmese, der uns am Eingang freundlich begrüßt hat, ist uns in das Innere der Höhle gefolgt und zeigt uns, während wir weitergehen, immer wieder neue Zeichnungen. Oft hätten wir diese ohne seine Hilfe nicht gesehen. Leider können wir uns nicht unterhalten und so bleibt es dabei, sich mit ihm mit freundlichen Gesten verständlich zu machen. Der Besuch hier hat sich auf jeden Fall gelohnt.

Auf halber Strecke zurück nach Old Bagan halten wir an einem kleinen Tempel, der nicht auf einer unserer Karten eingezeichnet ist. Von seiner Bauart unterscheidet er sich etwas von den anderen hier, denn er ist aus sehr dunklen, fast schwarzen Steinen errichtet. Vor dem Tempel steht ein junges Mädchen mit seinem Souvenirstand. Hier gibt es jede Menge Lackarbeiten und Stoffe zu kaufen. Wir halten kurz, um die Auslagen, die sie vor sich auf eine Decke gelegt hat, zu betrachten. Heike ist sehr angetan von einem blauen Stoff. Es ist ein Longyi. Das Mädel erkennt sofort ihre Chance und fordert Heike auf, den Longyi zu testen. Noch ehe sie sich versehen kann, hat sie den Stoff gekonnt um die Hüften gebunden bekommen und die junge Verkäuferin grinst uns breit an. Ziel erreicht. Heike handelt noch etwas über den Preis und das Geschäft hat funktioniert. Freudig faltet sie den Stoff zusammen. An ihrem Lächeln erkennen wir, dass wir den Preis bestimmt nicht zu tief gehandelt haben. Nach erfolgreichem Shopping schauen wir uns noch kurz den Tempel an. Besonderheit hier sind auch wieder die Malereien, aber sie sind hier durch Regenwasser ganz schön in Mitleidenschaft gezogen worden.

Bei vielen anderen Pagoden, die wir auf dem Weg zurück besuchen, ist es ähnlich. Wo die Haupttouristenbesuche stattfinden führen inzwischen große breite Wege zu den Tempeln. Davor sind schon richtige Plätze gerodet worden, wo die Busse abgestellt werden. Hier gibt es dann auch eine Vielzahl von Verkaufsständen. Vor allem Lackarbeiten und Stoffe werden angeboten. Sehr interessant sind Zeichnungen auf einer Art Sandpapier. Es sind Stoffe, auf denen mit Leim ganz feiner Sand aufgebracht wurde. Auf dieser Sandschicht wird dann gezeichnet. Es sind die Muster, welche wir in den Tempeln gesehen haben. Jedoch werden diese Motive immer weniger. Die häufigsten Motive auf den Bildern sind einzelne Pagoden oder Bilder des ganzen Pagodenfeldes, viele bei Sonnenuntergang.

Die kleineren Pagoden sind nur zu Fuß oder mit der Kutsche zu erreichen. Grundsätzlich sind auch Ausflüge mit dem Fahrrad möglich. Dann beschränkt man sich aber besser auf Pagoden, die nicht so weit von Hauptrouten weg liegen. Es sei denn, das Schieben des Fahrrades durch den teils tiefen Sand macht einem nichts aus.

Da es nun schon spät ist und uns der Hunger überkommt, brechen wir auf zum Ananda Tempel. Er liegt kurz vor der alten Stadtmauer. In der Nähe gibt es ein paar Essensstände, die wir im Anschluss in Augenschein nehmen möchten. Den Tempel erkennt man schon von Weitem. Es ist ein riesiger, etwa fünfzig Meter hoher Bau, dessen obere komplett vergoldete Kuppel im Sonnenlicht leuchtet. Auch hier hat das Gebäude den Grundriss eines griechischen Kreuzes und kann von allen vier Himmelsrichtungen betreten werden. An den oberen Terrassen stehen Hunderte von kleinen Tafeln, auf denen Geschichten der Lehre Buddhas dargestellt werden.

Der Tempel ist gut und gerne hundert Meter lang. An seinen Ecken sitzen große steinerne Löwen. An diesen gehen wir dann auch vorbei und betreten das Innere des Tempels. Dort befinden sich in Mauernischen vier, zehn Meter hohe, vergoldete Buddhafiguren. Ansonsten ist er eher schlicht gehalten. Die Größe der Anlage ist aber beeindruckend, vor allem, wenn man bedenkt, dass der Tempel schon eintausend Jahre alt ist. Nun überkommt uns aber der Hunger und wir fahren die wenigen Meter bis kurz vor die Stadtmauer.

Hier gibt es einige Essensmöglichkeiten. Unser Kutscher steuert zielstrebig auf das große Touristenrestaurant zu, vor dem schon einige Reisebusse stehen. Nur mit Mühe können wir ihn davon abhalten, uns hier abzusetzen. Nach einer Weile Überredungskunst fährt er uns dann doch noch einige Meter weiter, zu einem kleinen gemütlichen und von Backpackern besuchten Restaurant. Er scheint nicht zu verstehen, dass wir morgens mit ihm von einem guten Hotel starten und dann hier in diesem Restaurant essen möchten. Von vorherigen Reisen meiden wir solche Massenrestaurants, denn meist ist das Essen in den kleinen Restaurants besser und die Leute sind dort wesentlich freundlicher. Wie sich herausstellt, war es eine gute Entscheidung hierher zu kommen. Wir bestellen burmesisch Food, so steht es jedenfalls auf der Karte. Kurz darauf stellt die Bedienung zehn kleine Schüsseln auf den Tisch. In den Schüsseln befinden sich kleine Mengen von Saucen, eingelegtem Gemüse und Fisch. Vervollständigt wird das Ganze durch zwei Schüsseln mit gebratenem Gemüse und einer Schüssel Reis. Außer einer undefinierbaren schwarzen Masse, die sehr salzig und etwas faulig riecht, ist das Essen wirklich lecker. Leider kann uns keiner den Inhalt der Schüsseln und die Zutaten der Gerichte erläutern, aber wir haben eine Menge Spaß mit der Bedienung, die interessiert an einem Nachbartisch sitzt und unsere Erkundung in den Schüsseln beobachtet.

Gut gestärkt machen wir uns nun auf den Weg, die Pagoden in der unmittelbaren Nähe zu besuchen und danach den Sonnenuntergang im Pagodenfeld zu erleben. Gleich an der ersten etwas kleineren Pagode vor der wir halten, sitzen wieder ein paar junge Mädels und verkaufen Lackarbeiten und Stoffe. Leider haben wir ja schon unsere Einkäufe getätigt und geben ihnen zu verstehen, dass wir deshalb nicht mehr bei ihnen kaufen können. Eines der Mädchen steht auf und folgt uns zum Inneren der Pagode. Nach dem Eintreten in einen dunklen Gang zeigt sie uns, dass es auch möglich ist, auf das obere Stockwerk zu steigen. Ohne ihren Hinweis wären wir sicherlich hier vorbeigelaufen, denn die dunkle enge Treppe ist gut in einer Nische versteckt. Wir kramen wieder unsere Lampen heraus und steigen hinauf. Oben haben wir einen herrlichen Ausblick auf die vielen Pagoden in der riesigen Ebene. Die Sonne steht schon etwas tiefer und so entsteht ein schönes, weiches, etwas rötliches Licht, das natürlich ideal für Fotos ist. Das Mädchen freut sich, dass uns die Aussicht so gut gefällt. Sie sieht aus wie die burmesische Ausgabe von Pipi Langstrumpf. Sie hat ihre langen schwarzen Haare zu zwei Zöpfen zusammengebunden und die Wangen sind mit Tanakapaste eingerieben. Wenn sie lacht, strahlen uns eine Reihe blendend weißer Zähne entgegen. Wir steigen noch auf die verschiedenen Seiten der Pagode und schießen jede Menge Fotos. Als wir hinuntersteigen, wollen wir unserem jungen Guide ein kleines Trinkgeld geben, als Dank für die Führung in der Pagode und als Ausgleich, dass wir bei ihr nichts gekauft haben. Sie ist jedoch so stolz, dass wir ihr das Trinkgeld nicht zustecken können. So verabschieden wir uns von ihr und bedanken uns für die nette Führung.

Nun müssen wir uns sputen, um rechtzeitig zum Sonnenuntergang an der wohl dazu bekanntesten Pagode zu sein. Schon kurz vor Erreichen der Shwesandaw Pagode bemerken wir, dass es nicht mehr weit sein kann. Von überall kommen nun Kutschen und auch Autos und Busse zu dieser Pagode. Durch ihre Bauart eignet sie sich hervorragend dazu, größere Menschenmassen aufzunehmen. An ihren vier Seiten führen sehr steile Treppen zu mehreren Terrassen, die um die ganze Pagode herumführen. So kann man, selbst wenn die oberste Terrasse schon voll sein soll, von einer der Unteren den Sonnenuntergang über dem Pagodenfeld erleben. Hier geht es teilweise zu wie auf einem Rummelplatz. Touristen aus aller Herren Länder machen sich die vermeidlich besten Plätze streitig. Es wird laut gerufen und mache haben noch ein Eis in der Hand, welches sie unten in einer der Buden vor der Pagode gekauft haben. Von mystischer Stimmung sind wir hier weit entfernt. Trotzdem versuchen wir uns auf den schönen Sonnenuntergang zu konzentrieren und genießen das Farbenspiel der Pagoden, welche von der inzwischen roten Sonne angestrahlt werden. Etwas nordwestlich, etwa dreihundert Meter entfernt von unserer Pagode, steht eine etwas Kleinere aus roten Ziegelsteinen errichtete, auf der sechs Personen auf dem Dach Platz genommen haben. Wir beneiden die da drüben um ihr ruhiges Plätzchen und wissen jetzt schon, dass wir morgen auf dieser den Sonnenuntergang erleben möchten. Dort ist von Rummelplatz nichts zu spüren. Die rote Scheibe der Sonne geht dann mit lautem „Oh" und „Ah" der vielen Touristen hinter ein paar Pagoden und der am Horizont befindlichen Bergkette unter.

Manche der Touristen haben sich beim Besteigen der Pagode doch etwas übernommen und haben nun Angst, die wirklich sehr steilen Treppen hinunter zu steigen. Unter den Anfeuerungsrufen der Mitreisenden oder der Ehepartner schaffen sie es dann doch, irgendwann durch Rückwärtsklettern, den Boden zu erreichen. Wir fahren mit unserem netten Horseman zurück zu unserem Hotel, schießen noch ein Erinnerungsfoto von ihm und bedanken uns für seine Geduld und sein Wissen über die etwas Abseits gelegenen Pagoden, mit einem zusätzlichen Trinkgeld.

Abends haben wir uns mit Hanne in ihrem Hotel zum Essen verabredet. Sie hat inzwischen ein Schweizer Ehepaar kennen gelernt, das sich zu uns setzt. Den Abend verbringen wir in dem schönen Hotelgarten bei einem leckeren Essen: Gemüse süßsauer und ein kühles Bier. Da die Schweizer auch so reisebegeisterte Menschen sind wie wir, haben wir bis spät in die Nacht genügend Gesprächsstoff. Nach vielen Erzählungen, virtuellen Kilometern um den Globus und ein paar Bier verabschieden wir uns dann von ihnen und fallen todmüde ins Bett.

Bagan - Zweiter Tag

Für heute haben wir uns Fahrräder organisiert. Am Eingang des Hotels werden diese vermietet. Heike hat keine Probleme, das passende Rad zu finden. Bei mir jedoch wird es jedoch schwierig, denn genau wie in Mandalay stoßen meine Beine vorne an den Lenker. Ich kann nur treten, in dem ich die Beine sehr weit nach außen spreize. Da wir ja keine Passstraßen zu bewältigen haben und die Gegend hier flach mit nur sehr leichten Steigungen ist, probieren wir es trotzdem. Vor dem Hotel winkt uns unser Horseman von gestern freundlich zu. Ich hoffe, sein Lachen ist seine asiatische Höflichkeit und nicht das Lachen über meinen, doch etwas seltsamen Fahrstiel.

Auf dem Weg nach Nyaung-U halten wir immer wieder an kleinen Tempelanlagen. Durch das frühe Morgenlicht wirken die Anlagen wieder vollkommen anders als gestern. Teilweise liegt noch ein wenig Morgennebel über dem Tal, was zu schönen Lichtstimmungen und Fotomöglichkeiten führt. Es hat sich also gelohnt, dass wir heute früher unterwegs sind. Als wir nach Nyaung-U hineinfahren, müssen wir lachen. Auf einer riesigen Reklametafel, bestimmt zehn auf sechs Meter, sehen wir den Eiffelturm. Es ist eine Reklame, auf der ein westlich gekleidetes, asiatisches junges Pärchen vor dem Eiffelturm postiert wurde. Beide haben eine Seifenschachtel in der Hand auf der groß „Paris" aufgedruckt ist. Den Rest können wir nicht lesen, denn die weiteren Textpassagen auf der Werbetafel sind in burmesischer Kringelschrift geschrieben. Direkt hinter der Tafel steht eine kleine einfache Hütte, welche keinen sehr sauberen Eindruck macht. Hier treffen Galaxien aufeinander. Die Werbetafel wirkt wie von einem anderen Stern.

Im Ort herrscht reges Treiben. Überall sind Händler dabei, ihre Waren aus-, ein- oder umzupacken. Hier wird auch der Verkehr etwas mehr, ist aber mit dem Fahrrad kein Problem.

Von zwei Freunden haben wir aus Deutschland noch ein Geschenk dabei, welches wir hier in der kleinen Stadt abgeben sollen. Sie waren vor ein paar Jahren hier in Burma unterwegs. Rainer hatte sich damals einen Virus eingefangen und war mehrere Tage im Bett und auf der Toilette gefangen. Die Eigentümer des May Kar La Guesthouses hatten sie damals nett aufgenommen und sich fürsorglich um ihren kranken Gast gekümmert. Nun sollten sie ein kleines Geschenk für ihre Mühe bekommen.

Das Haus ist schnell gefunden und voller Spannung, was uns nun erwartet, betreten wir das von außen sehr gemütlich wirkende Guesthouse. An der Rezeption steht eine junge Frau. Wir fragen nach Ma Cho und erfahren, dass sie leider zurzeit nicht zu Hause ist. Die junge Frau vor uns ist die Cousine von Ma Cho. Sie spricht sehr gut Englisch und so erzählen wir ihr die Geschichte von Rainers Krankheit und die tolle Pflege, die er hier bekommen hatte. Sie ist sehr gerührt und auch überrascht, als wir ihr das Präsent geben. Sie verspricht, es ihrer Cousine zu geben und fragt uns, in welchem Hotel wir wohnen, damit sich ihre Cousine bei uns bedanken könnte. Sie lädt uns ein, hier zu warten. Da ihre Cousine jedoch erst am späten Nachmittag wieder kommt, lehnen wir dankbar ab, verabschieden uns und suchen uns eine Möglichkeit, wo wir etwas zum Essen bekommen.

Gleich an der Hauptstraße werden wir fündig. In einem Imbiss mit drei kleinen Tischen, in einem Garage ähnlichen Raum, bestellen wir gebratenes Gemüse mit Reis und eine Portion mit gebratenen Nudeln. Echt lecker. Während des Essens beobachten wir das Treiben draußen auf der Hauptstraße. Es macht immer wieder Spaß, mal ganz in Ruhe dem quirligen Geschehen zuzuschauen. Gut gesättigt fahren wir langsam mit ein paar kleinen Stopps an Pagoden zurück zum Hotel, wo wir auf der Terrasse vor unserem Bungalow noch ein wenig Buch lesen, Tagebuch schreiben und etwas ausruhen.

Vor Beginn der Dämmerung brechen wir wieder mit dem Fahrrad auf, damit wir die kleine Pagode hinter der viel besuchten Sonnenuntergangspagode, welche wir gestern Abend gesehen hatten, finden. Die letzten Meter zu der Pagode müssen wir schieben, denn in dem feinen tiefen Sand ist es unmöglich, mit dem Fahrrad zu fahren. Als wir absteigen, kommt ein junger Mann auf uns zu und bietet uns an, die Pagode aufzusperren. Ja, vor dem Eingang ist ein Eisentor angebracht. Er erklärt uns, dass es installiert wurde, damit hier nichts kaputt gemacht wird. Im Innern sitzt eine etwa zwei Meter hohe weiße Buddhafigur im Lotussitz. Die Decke der Halle ist mit schönen Figurenzeichnungen verziert. In einer anderen Ecke befindet sich eine weitere Buddhafigur, die liegend dargestellt ist. Die Figuren hier sind sehr gut erhalten und der Schlüsselwärter, der uns die ganze Zeit begleitet, erzählt, dass dies ihm zu verdanken wäre. Sicherlich ist da was dran, denn leider gehen nicht alle Leute sorgsam in diesen Pagoden vor. Der junge Mann führt uns weiter in den zweiten Stock der Pagode, wo wir durch einen kleinen Durchgang ins Freie gelangen. Von hier oben haben wir einen schönen Blick auf die umliegenden Pagoden. Hinter uns steht die goldene Spitze der Ananda Pagode, welche nun von der schon tief stehenden Sonne angestrahlt wird.

Die Zeit bis zum Sonnenuntergang verbringen wir damit, uns ein paar schöne Zeichnungen anzuschauen, die der inzwischen dazugekommene Sohn des jungen Mannes aus seiner Tasche hervorgezaubert hat und uns nun verkaufen will. Immer wieder erzählt er uns, dass es hier ja viel schöner sei, als drüben auf der großen Sonnenuntergangspagode, auf der es inzwischen wieder zugeht wie auf dem Rummelplatz. Hier bei uns sind lediglich vier Leute dazugekommen, die auf den Sonnenuntergang warten.

Hier ist er wirklich spektakulärer, als von der großen Pagode aus. Da der Blickwinkel nicht von so hoch oben ist, kann man hier mit dem Teleobjektiv sehr schöne Aufnahmen mit viel Tiefenwirkung machen. Vor uns geht die Sonne direkt hinter zwei Pagoden unter, die sich wie ein Scherenschnitt gegen die rote Scheibe der untergehenden Sonne abheben. Genau zwischen den zwei Spitzen verschwindet sie dann auch schließlich als feuerroter Ball. Ich kann gar nicht mehr zählen, wie viele Fotos ich von diesem spektakulären Schauspiel, welches uns gerade geboten wurde, gemacht habe. Kaum ist die Sonne verschwunden wird es aber recht zügig dunkel.

Wir verabschieden uns von unserem netten Schlüsselwärter und seinem Sohn und versprechen morgen wieder zu kommen. Die Fahrt zurück dauert zum Glück nicht so lange, denn als wir am Hotel ankommen, ist es schon ganz schön dunkel. Unten auf der Terrasse des Restaurants genießen wir noch bei einem kühlen Bier das letzte Rot des Abends.

Bagan - Dritter Tag

New Bagan liegt einige Kilometer südlich von Old Bagan, ist aber problemlos mit dem Fahrrad zu erreichen. Die Straße ist gut ausgebaut, hat ein paar kleinere Steigungen, die jedoch ohne Problem mit Fahrrädern ohne Gangschaltung zu bewältigen sind. Zuerst halten wir an der Mingalazedi Pagode, welche früher die bekannte Sonnenuntergangspagode war. Als wir von unseren Fahrrädern absteigen, kommen sofort ein paar junge Burmesen auf uns zu, die uns erklären, dass die Pagode geschlossen ist. Und tatsächlich ist da ein Hinweisschild, welches das Betreten der großen glockenförmigen Pagode verbietet. Der weitere Zugang ist sogar durch Stacheldrahtrollen nicht möglich. Die Jungs zeigen jedoch auf eine rechts danebenliegende Pagode und fordern uns auf, doch mit ihnen auf diese hinaufzusteigen, was wir dann auch gerne tun.

Einer der Jungs geht vor und führt uns durch das dichte Gestrüpp, durch welches sie einen kleinen Pfad angelegt haben. Bevor wir, im Innern der Pagode, einen sehr schmalen Gang hinauf auf die Plattform steigen, prüfen wir mit Hilfe der Taschenlampe, dass sich keine Schlangen im Innern des Ganges befinden. Von Freunden hatten wir diesen Tipp bekommen, da sie damals beim Besuch eines kleinen etwas abseits gelegenen Tempels fast auf eine Schlange getreten sind. Von der Plattform haben wir einen wunderschönen Blick auf das östlich sich ausbreitende Pagodenfeld. Wir sehen Hunderte von Kuppeln, Türmchen und Spitzen der im Tal verstreuten Pagoden.

In der Ferne sehen wir auch den neuen Aussichtsturm, den die Regierung hier im Tal errichten ließ, um die Touristen hinzukarren und einen horrenden Eintritt zu verlangen. Unterwegs hatten wir auch erzählt bekommen, dass dieser neue Turm der Grund dafür ist, dass die Mingalazedi Pagode geschlossen ist. Hier konnte man früher ohne Gebühr einen schönen Sonnenaufgang oder Sonnenuntergang erleben.

Viele Gruppen erleben dies nun zwangsweise von dem neu gebauten Turm. Auch hat man uns erzählt, dass die Verkäufer vor den Pagoden richtig Geld an die Regierung zahlen müssen, um ihre Waren überhaupt verkaufen zu dürfen. Die Regierung lebt also sehr gut vom Tourismus hier in Bagan.

Etwas südlich erreichen wir die Manuha Pagode. Sie zählt zu den ältesten Tempeln hier in Bagan und soll etwa im elften Jahrhundert erbaut worden sein. Besonderheit hier ist sicherlich der etwa dreißig Meter lange liegende Buddha. Vor uns gehen zwei junge Frauen, die Opfergaben bei sich in einem Korb tragen, um diese zu Buddha zu bringen. Die riesige liegende Figur befindet sich in einem lang gezogenen Raum. Vor der Buddhafigur ist ein etwa ein Meter breiter Gang. Wir folgen den Frauen und gehen mit ihnen der Länge nach an der Figur vorbei. Immer wieder bleiben sie stehen und legen auf kleinen Podesten Blumen nieder. Dabei schauen sie uns interessiert an und laufen kichernd weiter. Durch den schmalen Gang wirkt die Figur viel größer und verleiht einen gewissen Respekt. Im hinteren Bereich der Anlage gibt es drei übergroße sitzende Buddhafiguren. Auch hier legen die beiden Frauen Opfergaben nieder und behalten uns ständig kichernd im Auge. Wir stehen hier sowieso wieder mal im Mittelpunkt der einheimischen Bevölkerung, da wir im Moment mal wieder die einzigen Touristen hier sind. An einem kleinen Essensstand vor der Anlage kaufen wir uns eine Flasche Wasser, denn die Sonne brutzelt schon ganz schön heftig. Weiter geht es nach New Bagan.

New Bagan ist eine etwas gesichtslose Stadt. Sie wurde am Reißbrett geplant und gebaut. Alles ist rechtwinklig angelegt. Die Straßen sind viel zu groß für den wenigen Verkehr und es sind kaum Menschen auf der Straße. Völliger Unterschied zu dem quirligen Treiben in Nyaung-U. Da es hier nicht viel zu sehen gibt, trinken wir etwas an einem kleinen Getränkestand und radeln zurück nach Old Bagan, um in einem der kleinen Buden dort zu Mittag zu essen. Doch kurz vor Old Bagan passiert ein kleines Malheur. An meinem Vorderreifen entweicht mit einem kurzen aber doch gut hörbaren Zischen die Luft. Platt. Na Prima. Zum Glück ist es bis zu unserem Hotel nicht mehr allzu weit und so erreichen wir nach einem kleinen Spaziergang dann auch das Hotel und wechseln einfach das Fahrrad.

Das Essen haben wir uns nun wirklich verdient. Im „Yarpyi Vegetarian Restaurant", bei Kartoffelcurry, süß saurem Gemüse, Kokosnussreis und gebackener Banane kehren die Lebensgeister schnell wieder zurück. Das Restaurant ist richtig liebevoll gestaltet. Es ist eine kleine Bambushütte, in deren hinteren Bereich sich die Küche befindet. Davor, unter einem aus Blättern gewobenen Dach, sitzen wir auf selbst gezimmerten robusten Stühlen. Als Abgrenzung zur Straße stehen auf dem staubigen, sandigen Boden ein paar Blumentöpfe, in denen rote Blumen blühen. Den Pfosten am Eingang ziert ein großer Kaktus. Wenn nicht die asiatischen Eigentümer hier wären, könnte man meinen wir sitzen irgendwo im „Wilden Westen".

Am späten Nachmittag fahren wir dann wieder mit dem Fahrrad zu unserer kleinen Sonnenuntergangspagode. Wir werden freudig von dem Pagodenwärter empfangen. Durch die kurzweilige Unterhaltung mit dem Wärter vergeht die Zeit bis zum Sonnenuntergang wie im Fluge. Wir genießen nun zum dritten Mal dieses Naturschauspiel und die beeindruckende Kulisse der Pagoden. Wir haben auf unsere Reisen schon viele Sonnenuntergänge erlebt, aber dieser zählt mit zu den schönsten der Welt. Vor allem ist es wie ein Wunder, dass wir heute am Abschlussabend hier in Bagan die Einzigen sind, die dieses schöne Ereignis auf unserer kleinen Pagode erleben wollen. Wir bedanken uns bei dem netten Wärter und versprechen ihm, dass wir, wenn einer unserer Freunde oder gar wir wieder hierher kommen, die Bilder, die wir von ihm und seinem Sohn gemacht haben, mitbringen werden.

Den letzten Abend verbringen wir dann im benachbarten noblen Bagan Hotel, genießen die schöne Atmosphäre dieses Hotels und treffen durch Zufall wieder Hanne zu einem kleinen Plausch …

In die Berge zum Inle Lake

Heute heißt es früh aufstehen, denn unser Flug nach Heho geht schon um fünf nach acht. Wir frühstücken um sechs Uhr auf der Terrasse und fahren danach mit einem Taxi, das wir gestern Abend schon über das Hotel organisiert haben, die fünfzehn Minuten zum Flughafen. Das Flughafengebäude ist ein flacher Bau, welcher in einem schrecklichen Rosa gestrichen ist. Wir betreten die Halle und sofort kommen zwei Männer auf uns zu, die uns unsere Rucksäcke abnehmen wollen, um sie für uns zu tragen. Nur mit viel Mühe gelingt es uns, sie von unserem Gepäck fernzuhalten. Wir steuern auf den Schalter der Air Bagan zu und werden auch sofort eingecheckt. Unsere Rucksäcke werden mit einer dünnen Schnur und einem kleinen Zettel gekennzeichnet und auf einen großen Haufen geworfen. Bis zum Abflug lassen wir diesen Haufen nicht aus den Augen. Wir sind erst beruhigt, als sie dann mit anderen Taschen auf eine Karre geladen werden, die ebenfalls die Kennzeichnung der Air Bagan trägt und hinaus zur gerade gelandeten Maschine gefahren werden. In diesem Moment wird unser Flug auch schon durch einen Mann am Ausgang ausgerufen und wir laufen über das Rollfeld zur Maschine. Air Bagan verfügt über richtig gute Maschinen. Ganz im Gegensatz zu anderen, die wir schon hier gesehen haben. Die Landung auf dem kleinen Flughafen in Heho ist etwas ruppig, da die Landebahn eher den Zustand eines Feldwirtschaftsweges aufweist, als die einer Landebahn für große Flugzeuge.

Unsere Taschen sind schnell da und wir verlassen das kleine Flughafengebäude. Da wir keine Unterkunft am Inle Lake vorgebucht haben, werden wir auch nicht erwartet und müssen uns um den Transport selbst kümmern. Der Flughafen liegt total abseits und so ist man den Taxifahrern völlig ausgeliefert und hat eine schlechte Verhandlungsposition. So erkennen wir schnell, dass alles Handeln nicht hilft und wir dann für zwanzig Dollar zum Lake gefahren werden.

Los geht's. Hier oben ist es schon merklich kühler, na ja sagen wir erfrischender, als im doch sehr warmen Bagan. Die Landschaft ist grüner und vor allen Dingen nicht so flach. Die Hauptstraße führt über etliche Serpentinen und kleine Dörfer Richtung Taunggyi. Etwa zwanzig Kilometer vor der Stadt Taunggyi, verlassen wir die bisher eigentlich ganz gut ausgebaute Straße und fahren nach Nyaung Shwe, der kleinen Stadt am nördlichen Ende des Inle Lakes. Die Straße gleicht mehr dem Zielgebiet eines Truppenübungsplatzes als einer Straße. Teilweise sind die Löcher bis zu einem halben Meter tief und wir kommen nur noch sehr

langsam voran. Unser Fahrer meint, dass dies die Auswirkungen des letzten ungewöhnlich starken Monsuns sind. Hier oben, am und auf dem Inle Lake, wohnt das Volk der Inthas. Wo genau sie herstammen, sind sich die Gelehrten noch nicht so ganz einig. Jedenfalls haben sie sich dem Leben hier oben perfekt angepasst. Auf dem etwa zwanzig Kilometer langen und zehn Kilometer breiten See leben sie in Stelzendörfern vom Fischfang. Ihre Art, sich auf ihren Booten fortzubewegen, hat sie in der Welt berühmt gemacht. Man nennt sie die Einbeinruderer vom Inle Lake. Sie stehen auf einem Bein am Ende ihrer langen, schmalen, aus einem Baumstamm hergestellten Boote und haben das andere Bein geschickt um ein Paddel geschlungen, welches sie mit einer gekonnten Bewegung im Wasser so hin und her bewegen, dass das Boot angetrieben wird. Selbst kleine Kinder beherrschen diese Technik schon perfekt.

In Nyaung Shwe fahren wir ein paar Unterkünfte an. Die Erste, welche unser Fahrer empfiehlt, ist leider schon ausgebucht. Auch bei fünf weiteren kleineren Unterkünften ergeht es uns leider nicht besser. Wir werden jedoch dann schnell fündig im kleinen „Nanda Wunn Hotel". Das Zimmer ist sauber und so buchen wir uns für die nächsten Tage hier ein. Es liegt in einer ruhigen Gegend hinter dem großen Marktplatz, Richtung Berge. In der Nähe sind ein paar nette Restaurants. Ein idealer Platz, um etwas abzuhängen.

Wir laufen die Straße hinunter zum Bauernmarkt. Vom Angebot der Waren hier sind wir begeistert. An Lebensmittelknappheit mangelt es hier nicht. Die Stände sind übervoll mit Salat, Lauch, Tomaten, Bananen, getrocknetem Fisch, Gewürzen, Bohnen, vielen verschiedenen Sorten Reis, Zitronen, Nüssen, Tee, Kokosnuss, Chilischoten, Bambussprossen, Zigarren und vieles mehr. Die Waren werden mit kritischem Blick begutachtet und überall wird gefeilscht und abgewogen. Es sind die Bauern aus den umliegenden Bergen, die hier ihre Waren verkaufen. Im hinteren Teil, schön getrennt vom Gemüse, ist das Highlight eines jeden asiatischen Marktes, die Fleischverkäufer. Frischen Fisch sehen wir keinen. In einer anderen Ecke gibt es kleine Kochbuden in denen Suppen und

Currys frisch hergestellt und direkt verkauft werden. Es macht einfach Spaß, über den Markt zu laufen und die Vielzahl der Waren zu betrachten. Viele der Gemüse sind uns sogar völlig unbekannt.

Da uns nach so viel Lebensmitteln der Magen knurrt, laufen wir wieder zurück und gehen ins „Golden Kite Restaurant". Hier soll es nach Aussagen eines anderen Reisenden eine super Pizza geben. Wir bestellen uns eine Pizza Pesto und eine Pizza Vegetarisch. Als diese serviert werden, fallen wir wirklich bald vom Hocker. Sie sehen wirklich sehr lecker aus und es schmeckt auch super gut. Nach so langer Zeit gibt es mal wieder Käse. Das Pesto und das Gemüse, erklärt uns der Besitzer, sind frisch aus seinem Garten. Stolz steht er am Ende des Raumes und beobachtet uns, wie wir uns über die Pizza hermachen.

Als wir fertig sind, kommt ein junger Burmese, von der Straße auf uns zu und fragt uns, ob wir ein Trekking machen möchten. Er würde uns gerne durch die Berge führen. Aus seiner Hosentasche zieht er ein kleines Büchlein und hält es uns hin. In diesem Buch haben Reisende aller Nationen, Bemerkungen über seine Touren eingetragen. Wir blättern das Büchlein etwas durch und finden nur gute Kommentare. Schon oft haben wir auf anderen Reisen, von dieser Art der Bewertung eines Guides, Gebrauch gemacht. So stimmen wir dann auch zu, verhandeln den Preis und verabreden uns für den nächsten Tag an unserem Hotel. So schnell haben wir unser Trekking organisiert. Prima.

Vom vielen Essen träge geworden laufen wir los, um uns den Ort noch etwas anzusehen. Wir laufen die Hauptstraße hinunter und man bemerkt sehr schnell, dass man Richtung Fluss kommt. Denn laufend werden wir angesprochen, ob wir nicht eine Bootsfahrt machen möchten. Kurz vor Erreichen des Piers gleicht es einem Spießroutenlauf. Es hat aber den Vorteil, dass wir schon mal für die nächsten Tage üben können, um einen vernünftigen Preis auszuhandeln.

Hier am Fluss ist richtig was los. Ständig fahren die langen schmalen Boote ein und aus und machen dabei einen fürchterlichen Lärm. Waren werden entladen und sofort auf bereitstehende Fahrzeuge umgeladen. Imposant ist eine Stupa, die direkt in unmittelbarer Nähe des Piers steht. Sie ist zur Abwechslung nicht golden, sondern in einem silbernen Farbton gehalten. Die Kuppel ist mit kleinen Spiegelmosaiken belegt, die in der Sonne funkeln. Auf der anderen Seite des Flusses stehen zwei kleine gemütliche Bambushütten, in denen man etwas Essen und Trinken kann. Der Laden heißt „Big Drum" und ist, so scheint es, erst wenige Wochen fertig. Wir setzen uns in eine der Hütten und bestellen bei der freundlichen Bedienung ein Bier und betrachten das Geschehen am Fluss. Die Sonne steht schon etwas schräg und wirft ein angenehmes Licht auf die gegenüberliegende Stupa.

Interessant ist es, wie Menschen hier die abendliche gemeinsame Körperpflege zur Kommunikation nutzen. Da gibt es zwei Stege. Zu dem einen laufen die Frauen, zum anderen die Männer. Dort wird sich vor aller Augen gewaschen und die Kleider gewechselt, jedoch geschieht dies alles hinter einem rund genähtem Stück Stoff, so dass keiner etwas sieht. Während der ganzen Zeit werden die neusten Informationen ausgetauscht, erzählt und viel gelacht. Wenn die Frauen mit der Körperpflege fertig sind, werden die soeben ausgezogenen Kleidungsstücke sofort an dem gleichen Steg mit Seife und Waschbrett gewaschen.

Die Sonne geht nun unter. Wir laufen zurück und ziehen uns schnell im Hotel um, denn hier wird es nach Sonnenuntergang sofort kühl. Es ist das erste Mal, dass wir so etwas wie Kälte in diesem Urlaub empfinden. Im „Smiling Moon Restaurant" in unmittelbarer Nähe zum Hotel gibt es heute Abend fried cauliflower und sweet sour vegetables. Total lecker.

Trekking in den Bergen

Als wir mit dem Frühstück fertig sind, steht unser Guide schon vorm Hotel und wir können sofort mit unserem Ausflug in die Berge starten. Wir laufen Richtung Osten, auf einem zu Anfang noch breiten Weg. Vorbei an Zuckerrohrfeldern steigt der Weg ständig an. Nach etwa einer Stunde erreichen wir die ersten Dörfer, deren Baustil sehr interessant ist. Die Häuser stehen auf ein bis zwei Meter hohen Pfählen, die Wände sind aus Bambusblättern gewoben. Hier wurde sogar auf verschiedene Farben der Blätter geachtet, sodass ein schönes Webmuster auf den Flächen entsteht. Sobald wir einem Dorf näher kommen laufen uns zuerst die Hunde kläffend entgegen und wir sind froh, dass die nur laut sind und nicht unseren Geschmack testen möchten. Wenn man den Ansturm der Hunde überlebt hat, dann kommt das angenehme Treffen mit den Kindern des Dorfes. Nun sind wir froh, unseren Guide dabei zu haben, denn so ist es uns möglich, sich mit ihnen zu unterhalten. Es ist ein sehr armes Leben hier oben, nur wenige Dörfer haben Strom. Das Wasser wird in Kübeln auf langen Strecken ins Dorf getragen. Trotzdem schenken uns diese Menschen immer wieder ein herzliches Lächeln, wenn wir auftauchen.

Wir verlassen nun die Hauptstraße und folgen einem steilen Pfad den Berg hinauf, wo sich oben unterhalb eines Felsens eine heilige Höhle befinden soll. Und tatsächlich stehen wir, als wir das dichte Unterholz verlassen, vor dem Eingang einer Höhle. Die Felsen hier sind reich mit buddhistischen Symbolen verziert.

Zu unserer Überraschung lebt hier in der Höhle ein alter Mönch. Unser Guide stellt uns vor, wir verneigen uns und werden gebeten die Schuhe auszuziehen und einzutreten. Die Höhle besteht aus einem großen Raum von etwa vierzig Quadratmetern. An der Stirnseite am Ende der Höhle sitzen drei Buddhafiguren. Eine Hand im Schoß, die andere zur Erde. Alle drei haben eine goldene Schürze aufgemalt, nur die mittlere trägt einen roten Umhang. Davor stehen allerlei Opfergaben, Blumensträuße, mit Wasser gefüllte Tassen und Räucherstäbchen. Zu unserer Linken steht das Bett des Mönches, dessen Bettbezüge sicherlich die letzten fünf Jahre nicht gewechselt wurden.

Wir werden aufgefordert, an einem kleinen Tisch am Boden Platz zu nehmen und bekommen sofort eine Tasse Tee ausgeschenkt. Da der Tee noch richtig heiß ist, nehmen wir dankend an und denken nicht darüber nach, wo das Wasser herkommt, mit dem er hergestellt wurde. Unser Guide erzählt, dass der Mönch hier schon viele Jahre lebt und meditiert. Gerne unterbricht er aber seine Meditation, um Gäste zu empfangen, oder für die Einheimischen zu besonderen Anlässen zu beten. Unterhalten will er sich jedoch nicht mit uns, sondern setzt sich wieder zur Meditation vor die Buddhafiguren. Wir lauschen noch etwas den murmelnden Gebeten, geben eine kleine Spende in die Donationbox und machen uns weiter auf den Weg. Vor der Höhle ist es inzwischen richtig warm geworden.

Nach einer Stunde Fußmarsch erreichen wir eine weitere Höhle. Am Eingang steht eine große weiße Stupa, die mit Fischsymbolen verziert ist. Diese Höhle ist um einiges größer als die vorherige. Um hineinzugelangen, steigen wir eine steile Treppe hinunter. Unten bleiben wir kurz stehen, um uns an die Dunkelheit zu gewöhnen. An einer Kerze, die vor einer kleinen Buddhafigur brennt, zündet unser Guide seine Kerze an und wir folgen ihm langsam in die Dunkelheit. Je tiefer wir in die Höhle hineinkommen um so wärmer wird es. Auch die Luftfeuchtigkeit nimmt enorm zu. Fotos kann ich keine mehr machen, denn mein Objektiv und die Kamera sind total nass. Am Ende der Höhle stehen noch einige Buddhafiguren und an der Decke hängt eine große Zahl von Fledermäusen.

Viel kann man im Schein der Kerze jedoch nicht erkennen. Wir sind richtig froh wieder im Freien zu sein, denn durch die Luftfeuchtigkeit im Innern der Höhle sind wir nun total durchgeschwitzt. Von dem kleinen Podest vor der Höhle haben wir eine fantastische Aussicht auf den Inle See und die dahinter liegende Bergkette.

Immer weiter steigen wir auf schmalen Pfaden bergauf. An einer Hecke bleiben wir stehen und unser Guide zeigt uns eine heruntergefallene getrocknete Frucht. Dieser wird, mit schnellen geschickten Griffen, die alte Haut abgezogen. Was übrig bleibt, benutzen die Menschen zum Reinigen ihrer Kochtöpfe. Die Pflanze sieht tatsächlich aus wie ein Scheuerbällchen bei uns in Europa. Dies ist wirklich eine voll biologische Reinigung. Eine andere Pflanze knickt unser Guide am Stängel ab und durch geschicktes Anblasen des austretenden Saftes erzeugt er Seifenblasen, die der Wind sofort in die Weite trägt. Zu unserer Verwunderung bleiben diese sehr lange stabil bevor sie dann irgendwann zerplatzen.

Auf dem weiteren Weg kommen wir an Tabakpflanzen, Mangoplantagen und Bohnenbüschen vorbei. Am Ende eines Feldes steht eine kleine Hütte, auf die wir nun zusteuern. Vor der Tür steht eine junge Frau mit einem kleinen Kind auf dem Arm, die uns neugierig anschaut. Unser Guide wechselt mit ihr ein paar Worte und wir werden eingeladen, die kleine Hütte zu betreten. Zuerst steigen wir die Leiter hoch und ziehen unsere Schuhe aus. Drinnen besteht das Haus eigentlich nur aus einem Raum auf dessen Boden Bambusmatten ausgelegt wurden. Darunter hören wir ein Schwein grunzen und die Hühner gackern. Schnell entzündet die Frau ein Feuer und stellt Teewasser auf. Unser Guide packt ein Stück Kuchen, Brote und Getränke aus. Unserer Gastgeberin gibt er auch einen Teil ab und legt den Rest davon in die Mitte, damit wir alle davon nehmen können. Schnell ist der Tee gekocht und es werden eifrig Fragen gestellt. Sie will wissen, wo wir herkommen, ob wir Kinder haben, wie alt wir sind, wie groß unsere Familie ist, was wir arbeiten, ob es uns bei ihr gefällt usw. usw. Wir erfahren, dass ihr Mann heute im Dorf ist, um Gemüse zu verkaufen und um Medizin für ihr Kind zu kaufen. Das Kind hat schon seit Tagen Husten. Sie hat Angst etwas falsch zu machen, da es ihr erstes Kind ist. Sie erzählt, dass sie von den Hühnern, einem Schwein und etwas Gemüse, welches sie anbauen, leben. Das Wasser muss sie aus einer Quelle, etwa eine viertel Stunde von hier, jeden Tag herbeitragen. Hier prallen nun wirklich Gegensätze aufeinander. Wir sitzen hier in dieser kleinen Hütte, wo die Menschen einfach nur froh sind, ein Dach über dem Kopf zu haben und dass sie abends nicht hungrig ins Bett gehen müssen. Bei uns in Europa wird über alles Mögliche gejammert, egal wie gut es einem geht. Hier werden wir wieder so richtig genullt. Beim Abschied bedanken wir uns ganz herzlich bei ihr und lassen ein wenig Geld da, ausdrücklich mit dem Hinweis, damit sie für das Kind ordentliche Medizin kaufen kann. Sie will es nicht annehmen, aber unser Guide sagt zu uns, wir sollen es einfach auf die Matte vor ihr legen. Das geht dann schon in Ordnung. Sie steht noch lange mit dem kleinen Kind auf dem Arm vor der Tür und winkt uns lächelnd nach.

Auf dem Rückweg haben wir nun ständig die riesige Ebene mit der sich in der Sonne spiegelnden Fläche des Inle Sees vor uns. Immer wieder kommen wir an Feldern vorbei auf denen die Menschen arbeiten. Manche so steil, dass man kaum stehen kann. Maschinen könnte man hier gar keine einsetzen. In einem kleinen Dorf, welches wir im Tal erreichen, sind wir die Attraktion der Grundschule. Zum Glück ist gerade Pause, denn an einen Schulbetrieb wäre nun nicht mehr zu denken. Um uns herum stehen im Nu viele kleine Kinder und schütteln uns die Hand.

Kurz vor Nyaung Shwe müssen wir einen Bach überqueren. Leider ist die Holzkonstruktion nur für burmesische

Gewichtsklassen gebaut und nicht für einen mittelschweren Europäer. Aber die kleinen Bambusstämme halten auch uns und so erreichen wir trockenen Fußes die andere Seite. Am Ziel angekommen trinken wir zusammen mit unserem Guide eine kühle Lemon Juice und geben ihm noch ein schönes Trinkgeld.

Im „Smiling Moon Restaurant" freuen sie sich schon, als wir zum Abendessen wieder auftauchen. Gleich neben dem Restaurant bei dem sympathischen Mister Atum, der uns von anderen Reisenden empfohlen wurde, buchen wir für den nächsten Tag eine Bootstour über den See. Wir geben ihm gleich zu verstehen, dass wir keine Shoppingfahrt möchten und uns lieber etwas abseits der Hauptrouten bewegen möchten. Für ihn ist das kein Problem und so werden wir uns schnell einig, dass wir lediglich eine Weberei, eine Silberschmiede und eine Tabakfabrik anschauen werden. „Only Looking" grinst uns Atum breit an.

Bootsfahrt auf dem Inle Lake

Wir sind froh, dass wir heute Morgen die Fleecejacken angezogen haben, denn so früh ist es hier noch richtig frisch. Der Fahrtwind tut dann das Übrige. Unser Bootsführer ist ein netter junger Burmese, der uns nun den ganzen Tag begleitet. Er hat uns zwar seinen Namen gesagt und ich habe ihn fünfmal wiederholt und konnte ihn nicht aussprechen. Grinsend sagt er zu uns wir sollen ihn einfach Kapitän nennen. Jawohl Käpt'n. Mit lautem und voll aufgedrehtem Motor fahren wir über den Fluss, der hier mehr an einen Kanal erinnert, Richtung See. Nur wenn ein Boot entgegen kommt, nehmen beide die Geschwindigkeit etwas zurück und fahren langsam aneinander vorbei. Das ist auch gut so, denn die Wellen sind schon ganz schön heftig für das schmale Boot. Rechts und links des Flusses steht meterhoch das Schilf. Nach etwa zehn Minuten erreichen wir endlich den offenen See.

Nun sehen wir die ersten Fischer. Sie stehen am vorderen Ende ihrer langen schmalen Boote und bewegen diese mit dem typischen Ruderstil. Jeder von uns würde sofort in den See fallen, würden wir es versuchen nachzuahmen. Andere Fischer sind gerade dabei mit ihren etwa zwei Meter großen Reusen Fische zu fangen. Gegen die noch tief stehende Sonne mit ihrem weichen Licht ergeben sich hier fantastische Fotomotive. Unser Käpt'n hat es sehr gut drauf, meine Fotoaktivitäten beim Fahren zu berücksichtigen. Immer, wenn ich die Kamera ans Auge setze, um ein Foto zu machen, verlangsamt er die Fahrt, oder fragt nach, ob er etwas näher heranfahren soll. Nachdem wir aus etwas Abstand dem Treiben der Fischer zugeschaut haben, geht es weiter über den See.

An manchen Stellen sehen wir Menschen, die Seetang vom Boden des Sees auf ihre Schiffe verladen. Da der See in der Trockenzeit kaum mehr als drei Meter tief ist, wird das Seegras mit langen Stangen vom Boden hochgeholt und mühsam auf das Boot gehievt. Die Boote werden so voll beladen, dass wir fürchten, sie werden jeden Moment untergehen. Als wir weiterfahren und das erste Dorf, welches mitten im See liegt, erreichen, sehen wir auch für welchen Zweck dieses Seegras bestimmt ist.

Die Inthas benötigen dieses Gras zum Bau ihrer schwimmenden Gärten. Bevor wir das eigentliche Dorf erreichen, fahren wir an hunderten von diesen Gärten vorbei. Jahrzehnte dauert es, bis sich auf einem Holzgestell eine Humusschicht gebildet hat, die dann zum Anpflanzen von Gemüse verwendet werden kann. Damit die Gärten nicht weggetrieben werden, sind sie mit langen Stangen am Grund des Sees befestigt. Die ganze Konstruktion hat den Vorteil, dass bei den wechselnden Pegelständen des Sees die Gartenflächen einfach den Bewegungen folgen können. Die Gärten sind fantastisch. Es wachsen Tomaten, Bohnen, Zucchini, Karotten, Kohl, Auberginen bis hin zu Blumen, die dann auf dem Markt verkauft werden. Die Gärten sind in langen Reihen aufgebaut und werden vom Boot aus bearbeitet und auch abgeerntet. Zu gießen braucht man nicht, denn der Boden ist ja durch den See immer schön feucht.

Die Holzhäuser in dem Dorf erinnern von der Bauart an Lagerschuppen in Kanada. Nur stehen sie auf Pfählen und ragen etwa zwei Meter aus dem Wasser. Viele wirken trostlos und halb zerfallen, doch einige wenige sind neu gestrichen und liebevoll mit Blumen geschmückt. Die Kinder spielen nicht wie bei uns auf der Straße, sondern machen ihre Späße vom Boot aus. Manche der Häuser haben sogar ein Stück Land. Entweder sind diese Stellen natürliche Inseln im See, oder es wurde Erdreich mit Booten heran gefahren, so dass eine künstliche Insel um die Häuser entstand.

Unser Käpt'n steuert auf eines der größeren Häuser zu und erzählt, dass hier eine Weberei zu besichtigen sei. So ganz ohne Besichtigung und Shopping geht es natürlich nicht. „Only Looking" sagt er zu uns und wir steigen auch schon aus. Sicher erhält er von den Besitzern hier etwas für jeden Touristen, den er vorbeibringt. Wir machen das Spielchen mit. Und tatsächlich es handelt sich um eine Seidenweberei. Drinnen sitzen an einer langen Reihe von Webstühlen junge und alte Frauen und bearbeiten die Seide zu schönen Schals, Decken und großen Stoffbahnen. Das Besondere daran ist, dass es sich um eine Faser der Lotusblume handelt, die zu feinen Fäden gesponnen wird. Wir laufen einmal durch das ganze Gebäude und schauen uns diese mühseligen Arbeiten an. Natürlich gibt es auch einen großen Verkaufsraum, in dem man die hergestellten Sachen auch kaufen kann. Heike kann sich natürlich nicht bremsen und kauft gleich mehrere der wunderschön gewebten Schals. Ich sage nur: „Only Looking".

Weiter fahren wir durch den älteren Teil des Dorfes. Hier sind die Häuser nicht aus Holzbrettern, sondern ähneln den Bambushäusern, die wir auf unserer Trekkingtour gestern gesehen haben. Diese standen ja auch auf Pfählen, nur nicht im Wasser. Vor den Häusern haben die Menschen eine kleine Plattform gebaut, auf der sich das Leben abspielt. Hier wird gewaschen, geputzt, gegessen und die Wäsche wird zum Trocknen aufgehängt. Wir sind uns einig, dass das hier eindeutig der schönere Teil des Dorfes ist. Schütteln müssen wir uns nur, als wir sehen, dass in dem einen Haus gerade zur Toilette gegangen wird und nebenan jemand das Wasser aus dem See nimmt, um damit zu kochen. Da ich beruflich ja mit Trinkwasser zu tun habe, dreht sich mir fast der Magen rum. Wenn hier einer die „Scheißerei" bekommt, dann haben sie bald alle. Kein Wunder auch, dass hier die Kindersterblichkeit so hoch ist, bei diesen unhygienischen Umständen.

Der zweite „Only Looking" Stopp steht bevor. Wir fahren zu einer kleinen Produktion von Zigarren. Es ist die gleiche Sorte, wie wir sie schon gestern auf dem Markt in Nyaung Shwe gesehen haben. Dort wurden sie in Rollen von zwanzig Stück verkauft. In der kleinen Hütte sitzen acht junge

Frauen. Vor sich haben sie große runde Körbe, in denen die Zutaten für ihre Zigarren liegen. Sie haben alle eine schöne Tanakaschminke im Gesicht und das Ganze hat für uns mehr den Anschein einer Schauspielvorführung, als dass hier im großen Stil Zigarren hergestellt werden. Uns wird ein Platz vor den Mädels angeboten, damit wir besser das Zuschneiden und Wickeln der Zigarren betrachten können. Dazu wird ein Tee gereicht, der nur noch lauwarm ist und den wir wegen der eben gesehenen hygienischen Zustände einfach stehen lassen. Die Mädels sitzen da mit ernster Miene und es macht den Anschein, dass sie dies nicht ganz freiwillig tun. Zu lachen beginnen sie erst, als ich von ihnen ein paar Fotos mache und ihnen zu erkennen gebe, dass ich mich nun anders hinsetzen muss, da mir vom langen Sitzen auf dem Boden die Beine eingeschlafen sind. Jaja, die Langnasen können keine fünf Minuten auf dem Boden sitzen. Nach ein paar weiteren Fotos verabschieden wir uns von ihnen mit dem Versprechen, dass wir ihnen die Bilder zukommen lassen werden. Diesmal war es wirklich „Only Looking".

Der nächste Besuch findet auf dem Festland statt. Auf einer kleinen Insel mitten im See steht die Phaung Daw U Pagode. Die goldene Kuppel ist uns schon von Weitem zwischen den dunklen Farbtönen der alten Häuser aufgefallen. Es tut richtig gut, hier mal ein paar Meter laufen zu können, denn in dem kleinen Boot ist nicht all zu viel Platz, um wirklich gemütlich zu sitzen. In der etwa zwölf Meter hohen Pagode wird man vor Gold fast erschlagen. Alle Wände und Säulen des riesigen Innenraumes sind in goldener Farbe oder mit goldenen Symbolen belegt. In der Mitte des Raumes steht etwas, das aussieht, wie ein goldenes Himmelbett, in dessen Mitte ein Altar steht. Auf diesem stehen fünf kleine Buddhafiguren. Erkennen kann man die Figuren nicht mehr, denn durch das viele Gold, das die Pilger hier auflegen, sind sie total unförmig geworden. Lustig wirken die vielen Uhren, die überall aufgehängt sind. Es sind Uhren, die bei uns in den Siebzigern in der Küche aufgehängt wurden. Apropos Küche. Gleich daneben finden wir eine kleine Garküche, wo wir leckeren Bratreis mit Gemüse zu uns nehmen.

Wir fahren weiter zum letzten Mal „Only Looking": zu den Silberschmieden. Hier sind wir schnell durch. Es handelt sich um eine kleine schmutzige Hütte mit einem Handwerkerraum.

Dort sitzen ein paar junge Burmesen und bearbeiten das edle Metall zu wahren Kunstschätzen. „Only Looking" ist hier ganz wichtig, denn man weiß nicht, aus was der Schmuck denn letztendlich ist. Schön sind die Sachen allemal. Wem es gefällt, der kann natürlich zuschlagen, denn der Preis ist sehr niedrig und die Menschen hier wollen ja auch leben.

Nun geht es aber weiter nach Indein, im Westen des Sees gelegen. Zu diesem Dorf gelangen wir über den gleichnamigen Fluss. Es ist eine abenteuerliche Fahrt in der engen Fahrrinne. Die Uferböschungen werden nach und nach immer höher und das Boot muss teilweise ganz schön gegen die Strömung ankämpfen. In den Bäumen am Ufer sehen wir immer wieder große Reiher. Plötzlich ein Warnschrei von unserem Käpt'n. Er steht auf, reist das Boot herum und im selben Augenblick taucht direkt neben uns ein Wasserbüffel auf. Mensch, war das ein Schreck. Wir wussten gar nicht, dass die Viecher so lange tauchen können. Denn als wir um die Kurve kamen, war nichts von ihm zu sehen.

Indein, zumindest der Ort und der Weg zum Pagodenfeld sind total kommerzialisiert. Hier merken wir erst, wie viele Touristen hier in der Gegend scheinbar Urlaub machen. Die meisten von ihnen sind in den Luxusunterkünften mitten im See untergebracht, kommen jedoch auch hierher zu diesen Sehenswürdigkeiten. In Nyaung Shwe haben wir von ihnen nicht viel gesehen. Dort ist die Globetrotterszene unter sich.

Als wir anlegen, werden wir sofort von jungen Verkäufern zum Kaufen aufgefordert. Hier stehen Hunderte von Ständen, aber kaum ein Mensch ist unterwegs. Ein Blick auf die Uhr verrät, dass es Essenszeit ist und die meisten scheinbar noch in ihrem Hotel zum Essen sind. Nach einem Spießrutenlauf durch das Dorf erreichen wir den überdachten Zugang zu dem Pagodenfeld. Es ist die gleiche Art der überdachten Wege wie in den Bergen von Sagaing. Nur dieser hier ist wohl die längste Shoppingmeile dieses Landes. Auf dem etwa ein Kilometer langen Weg hoch zum Pagodenfeld steht ein Verkaufsstand neben dem anderen. Zu unserer Verwunderung haut uns aber hier keiner mehr an. Als die Verkäufer sehen, dass wir alleine unterwegs sind, ignorieren sie uns einfach. Marketing ist hier perfektioniert. Wir sind einfach nicht ihre Zielgruppe. Oben auf dem Hügel angekommen präsentiert sich uns ein schöner Anblick. Dort sind über eintausend halb zerfallen kleine Stupas über den ganzen Hügel verstreut. Manche davon stehen frei und sind saniert worden. Andere wiederum hat sich die Natur zurückerobert und sie sind fast vollständig zugewuchert. Es gibt welche, die bestehen eigentlich nur noch aus einem Steinhaufen, andere wiederum sind total gut erhalten. Es liegt eine richtig mystische Stimmung hier über den Stupas. Zum Glück sind wir die Einzigen, denn nur so kann man die Stimmung hier in sich aufnehmen. Inzwischen ist es auch richtig warm geworden und wir haben mächtig Durst bekommen. Zurück an der Anlegestelle unseres Bootes, trinken wir ein kühles Bier und machen uns auf zum Tempel der springenden Katzen.

Von außen sieht der alte Tempel nicht sehr einladend aus. Er ist aus dunklem Holz errichtet und sein Dach ist mit verrosteten Wellblechen gedeckt. Direkt neben dem eigentlichen Tempel gibt es auch noch ein Restaurant. Als wir in den Tempel eintreten, ist ein Mönch gerade dabei, auf einer mit Linoleum ausgelegten Fläche, um die einige Touristen herumsitzen, seine Show mit den Katzen vorzuführen. Es beeindruckt uns zwar, dass die Katzen wirklich auf Befehl durch die Ringe springen, die der Mönch ihnen hinhält, wo sie doch ihren eigenen Kopf haben. Viel lustiger ist es den anderen Touristen zuzuschauen, die vergnügt quiekend jeden Sprung kommentieren und teilweise aus ihrer Sitzposition herausgehen, so als ob sie selber springen müssten. Schnell verlieren die Katzen aber dann doch die Lust. Der Mönch steht auf und verlässt wie ein Star mit viel Applaus die Manege.

Der Tempel selbst ist von innen interessanter als von außen. Dort steht eine Vielzahl von Buddhas auf altarähnlichen Podesten aus Holz, die reich verziert mit Gold und Glasmosaiken belegt sind. Da es wenige Fenster gibt, ist es recht dunkel und die paar Leuchtstoffröhren sind nicht in der Lage den gesamten Raum auszuleuchten. Wir ziehen noch ein wenig durch die Anlage, merken aber dann doch bald, dass wir schon einen langen und erlebnisreichen Tag hinter uns haben und brechen auf zurück nach Nyaung Shwe.

Aber ein Highlight wollen wir auf dem Rückweg nicht verpassen. Es ist das alte Fischerdorf kurz vor Nyaung Shwe. Man erreicht es entweder direkt vom See aus oder man fährt in den Kanal nach Nyaung Shwe und biegt dann nach etwa einem Kilometer nach rechts ab. Andere Reisende hatten uns schon von diesem Dorf vorgeschwärmt. Und wirklich, hier stehen ausschließlich alte Pfahlbauten. Die Muster in den geflochtenen Matten der Seitenwände kommen nun, bei der inzwischen tief stehenden Sonne, richtig zur Geltung. Auf einem Boot stehen Kinder und lassen an einer Leine Drachen steigen. Sie haben ihren Spaß, als wir unmittelbar bei ihnen am Boot vorbeifahren und ihnen zuwinken. Das Dorf wirkt irgendwie friedlich. Die Menschen leben hier wie vor hundert Jahren. Bei uns steht das Auto vor dem Haus, hier ist es eben ein Boot. Wir kreuzen einfach noch ein paar Mal langsam durch die Wasserstraßen des Dorfes und fahren dann zurück.

Kaum ist die Sonne hinter dem Schilf versunken wird es auch wieder richtig kühl und wir packen auf den letzten Metern vor dem Ziel wieder unsere Fleecejacken aus.

Nach dem Duschen laufen wir die paar Meter zum „Smiling Moon Restaurant" hinüber und werden dort schon wie Stammgäste begrüßt. Das Essen und das Bier schmecken wieder vorzüglich. Da wir übermorgen nach Pindaya fahren wollen und dann weiter nach Kalaw fragen wir Mr. Atum, ob er uns ein Taxi für die Fahrt organisieren kann, bzw. ob wir das Taxi mit anderen teilen können. Er versucht was er machen kann. Für heute reicht es uns dann. Noch beim Tagebuch schreiben fallen uns die Augen zu.

Nyaung Shwe

Heute lassen wir in Nyaung Shwe noch einmal die Seele baumeln. Dazu bietet sich dieser Ort einfach an. Wir schlendern wieder über den Markt und betrachten die riesige Auswahl des frischen Gemüses und beobachten das Handeln und Feilschen an den Ständen. Heute Morgen hatten wir noch ein negatives Erlebnis mit unserer Bedienung Namens Charly im Hotel. Er sagte, dass er uns ein Taxi für unsere Fahrt besorgen könnte. Ein Preis für Freunde, wie er sagte. Fünfzig Dollar wollte er haben. Er scheint aber seine Freunde ganz schön auszunehmen, denn in den kleinen Agenturen am See kostet diese Fahrt gerade mal vierzig Dollar und das ohne zu handeln. Sein Angebot haben wir dann mehr als dankend abgelehnt.

Um Nyaung Shwe besser erkunden zu können, mieten wir uns zwei Fahrräder und radeln einfach ziellos umher. Da es hier kaum Autoverkehr gibt, ist dies auch ohne Probleme möglich. Wir fahren um eine Häuserecke herum und stehen vor etwas Neuem. Es ist eine Gruppe Nonnen, die mit ihren Schüsseln durch die Straßen ziehen und von den Bewohnern der Stadt etwas zum Essen bekommen. Die Nonnen tragen auch rote Gewänder wie die Mönche. Darüber jedoch zusätzlich einen rosafarbenen Stoff, so dass man von dem roten Stoff nur noch unten etwas heraus spitzen sieht. Zusätzlich einen gelbbraunen Schal, der quer über die Brust wie eine Schärpe getragen wird. Das Ungewöhnlichste ist jedoch, dass alle Mädchen, genau wie ihre männlichen Pendants, die Köpfe kahl geschoren haben.

Wir klappern noch etwas die Agenturen ab, um die Preise fürs Taxi weiter zu checken und erfahren dann aber, dass der Preis von Mr. Atum der Beste der Stadt ist. Unten in der Nähe des Bootsanlegers fahren wir an einem neu eröffneten Restaurant vorbei, es heißt „Pancake House". Draußen hängt ein großes Schild mit der Aufschrift:"Are you tired of rice

– then try this". Dahinter ist ein großer Pancake abgebildet. Wir nehmen einen Pfannkuchen mit Banane und Schokolade. Was dann kommt, ist super. Ein riesiger Pfannkuchen, auf dem kleine Stücke einer ganzen Banane verteilt sind. Darüber ist dann Kakaopulver gestreut. Lecker.

Die Räder bringen wir zurück, laufen wieder zum Bootsanleger und essen im „Big Drum" noch eine Kleinigkeit. Dann verhandeln wir mit den Bootsführern am Pier, dass sie uns noch raus auf den See fahren. Für neuntausend Kyat fährt uns dann doch noch einer raus. Viel Lust hat er nicht. Da wir uns ja inzwischen auskennen, geben wir diesmal den Ton an, wo es entlang geht. Der neue Käpt'n ist zwar etwas verdutzt, aber er fährt dann tatsächlich genau dorthin, wo wir es sagen. Unser Ziel ist eines der Stelzendörfer, die wir gestern zu Beginn unserer Fahrt besucht haben und dann wollen wir zurück in das alte Fischerdorf, welches uns so gut gefallen hat. Wir genießen die Fahrt über den See und das Durchfahren der Dörfer. Es schadet nicht, wenn man diese Tour zweimal macht, denn beim zweiten Mal sieht man viele Dinge, auf die man beim ersten Mal nicht geachtet hat. So erkennen wir, dass viele Menschen im Fischerdorf auch ein Hausschwein halten, welches in einem kleinen Bambusverschlag vor der Hütte lebt. Der Mist kann direkt zwischen dem Bambus hinunter in den See fallen, eine prima Erfindung. So braucht man keinen Stall auszumisten. Wir sehen wieder kleine Kinder in den Booten alleine unterwegs. Bei uns würden die Mütter ausflippen, wenn ein Kind in dem Alter alleine mit einem Boot unterwegs wäre. Als die Dämmerung hereinbricht fahren wir zurück.

Charly aus dem Hotel lässt sich am Nachmittag nicht mehr blicken, und so buchen wir über Mr. Atum das Taxi für den nächsten Tag. Er versuchte noch zwei Leute zu finden, die das Taxi mit uns teilen könnten, aber ohne Erfolg. Beim Abendessen im Smiling Moon treffen wir noch ein Pärchen aus Düsseldorf, das wir unterwegs immer wieder gesehen haben, und trinken mit ihnen zusammen noch ein paar Bier. Da sie auch gerne reisen, plaudern wir ohne Ende und vergessen total die Zeit. Es ist schon richtig spät, als wir uns verabschieden. Die Eigentümer des Restaurants verabschieden uns sehr herzlich. Es ist, als würden wir uns schon hundert Jahre kennen. Bei unserer Rückkehr ins Hotel sind wir für hiesige Verhältnisse so spät dran, dass alles abgesperrt ist und wir erst einmal am Tor rütteln müssen, bis uns jemand hereinlässt.

Pindaya und Kalaw

Auch heute Morgen lässt sich Cheap Charly, der Mitarbeiter des Hotels, nicht blicken. Der weiß sicherlich, dass sein Preis für Freunde etwas überzogen war. Vielleicht hat er ja was gelernt. Nach dem Frühstück packen wir unsere sieben Sachen und laufen hinüber zu Mr. Atum.

Der Fahrer wartet schon und so können wir sofort starten. Zurück müssen wir wieder auf dieser sehr schlechten Straße, mit den riesigen Schlaglöchern. Vorne an der Hauptstraße angekommen biegen wir links ab in Richtung Flughafen Heho. Heute ist irgendwie viel mehr los. Überall Lastwagen und Händler. Unserer Fahrer ist uns sehr sympathisch, denn er hat im Gegensatz zu vielen anderen Fahrern in Asien scheinbar wirklich Angst um sein Auto und fährt sehr bedächtig und vorsichtig. Heute sehen wir auch die alte Eisenbahn, mit der man von Taunggyi nach Kalaw fahren kann. Eine Fahrt mit dieser soll ein tolles Erlebnis sein, denn die Route führt über sehr holprige Gleise durch die Berge, mit tollen Aussichten und über die abenteuerlichsten Brücken. Der Zug sieht auf jeden Fall schon sehr betagt aus.

In Aungban biegen wir rechts ab und verlassen die gut ausgebaute Hauptstraße. Nun wird die Straße wieder katastrophal. Oft können wir nur im Schritttempo weiterfahren. Ab und zu kratzt es auch gewaltig am Unterboden unseres Autos. Die Landschaft hier hat sich nun total verändert. Hier gibt es eine leichte Hügellandschaft, mit vielen landwirtschaftlichen Flächen und vereinzelt stehenden Baumgruppen. Fast wie in der Toskana. Nach etwa zweieinhalb Stunden erreichen wir den Ort Pindaya, wo wir auf dem Hang hinter dem Ort schon die goldenen und weißen Pagoden des Höhleneingangs erkennen können. Der Fahrer fährt uns bis fast hoch zum Eingang der Höhle. Wir hätten auch die vielen hundert Stufen zum Höhleneingang laufen können, aber wegen der Schwüle, die heute in der Luft liegt, verzichten wir darauf.

Die letzten Meter zum Höhleneingang laufen wir auf einem breiten Weg nach oben. Über den eigentlichen Eingang zur Höhle sind wir mehr als erstaunt. Vor uns stehen kleine Pagoden mit ihren goldenen Verzierungen. Direkt dahinter eine ultramoderne Konstruktion mit einem verglasten Aufzug, wie an einem modernen Bürogebäude. Das passt überhaupt nicht zusammen und auch nicht hier in die Landschaft. Ein reicher Chinese soll der Spender für diesen Aufzug gewesen sein. Vom Ansatz her eine gute Idee, damit auch behinderte Menschen die Höhlen besichtigen können, aber den Aufzug hätte man diskreter in das Gebäude integrieren können.

Vor dem Eingang, direkt neben der kleinen Pagode, empfangen uns zwei übergroße Figuren. Eine hässliche schwarze Spinne und ein Bogenschütze, der auf die Spinne gerade einen Pfeil abschießt. Diese Figuren stellen die Geschichte der Höhle dar. Der Legende nach haben unten im See sieben Prinzessinnen gebadet und die Spinne hat sie in die Höhle entführt. Es kam ein heldenhafter Prinz, der durch einen Bogenschuss die Spinne tötete und die Prinzessinnen befreien konnte. Die Schönste durfte er sich dann als Belohnung zur Frau nehmen.

Wir lassen die Spinne und den Prinzen allein und laufen die Treppenanlage zur eigentlichen Höhle hinauf; Schuhe ausziehen und schon erreichen wir den großen Höhleneingang, der voll mit Buddhafiguren steht. Alle sind von unterschiedlicher Größe und Haltung. Wir gehen noch weiter hinein und sind überwältigt von der Vielzahl der Figuren: weit über achttausend sollen es sein. Es folgt ein wahres Labyrinth von Gängen, kleinen Treppenanlagen und Räumen unterschiedlicher Größe. Alle stehen sie voll mit goldenen Buddhas, von zehn Zentimetern bis zu zwei Metern Größe. Immer wieder sitzen irgendwo in der Höhle Gläubige tief in Meditation versunken. Der lange mühsame Weg hierher hat sich auf jeden Fall gelohnt. Nicht nur, dass die Anzahl der Buddhas so unglaublich ist. Es handelt sich bei dieser Höhle um eine Tropfsteinhöhle, die auch ohne die vielen Figuren interessant wäre.

Bevor wir zurückfahren, halten wir noch im Ort an einem kleinen Restaurant. Es ist mit sehr viel Liebe hergerichtet. Auf der Terrasse stehen viele Blumen und wir sitzen schön im Schatten eines großen Baumes. Viel ist hier nicht los. Die Angestellten sind sehr bemüht und freundlich. Hierher verirren sich nicht viele Touristen.

Es ist kurz vor drei, als wir in Kalaw ankommen. Wir halten vor einem kleinen grün angestrichenen Häuschen, dem Golden Lilly Guesthouse. Es besteht aus einem Haupthaus und einem flachen Gebäude mit einer Reihe von kleinen Zimmern, die nebeneinander an den Hang gebaut wurden. Als wir in die gute Stube eintreten, werden wir sehr herzlich von den Eigentümern einer Sikhfamilie begrüßt. Wir werden hoch zu den kleinen Zimmern geführt. Nach kurzer Vorführung der Zimmer nehmen wir eines und tragen uns unten im Gemeinschaftsraum, wo es morgen auch das Frühstück gibt, in die Meldebücher ein. Dort treffen wir noch ein paar andere Traveller und bekommen die neusten Informationen, was hier im Ort so angesagt ist. Wir bekommen den Tipp, dass es hier ein nettes kleines nepalisches Restaurant gibt, welches wir auf jeden Fall heute Abend besuchen werden.

Wir laufen hinunter in den Ort. Die Gebäude hier lassen erkennen, dass die Engländer hier waren. Denn eine Vielzahl von Häusern ist während der Kolonialzeit entstanden, als die englischen Truppen Kalaw als Kurort nutzten. Der Zahn der Zeit hat jedoch an vielen dieser Gebäude genagt. Viele sind verlassen und Scheiben sind auch keine mehr drinnen. Das viele Regenwasser des Monsuns gibt ihnen dann den Rest. Nur wenige sind neu gestrichen und renoviert. Interessant ist, dass es hier sehr viele unterschiedliche Religionen gibt. Denn beim Rundgang sehen wir zum einen, wie schon erwartet, eine kleine Pagode. Jedoch gibt es zu unserer Verwunderung eine große Moschee mit Halbmond auf den Spitzen der Minaretten und in einer anderen Ecke des kleinen Ortes sogar eine christliche Kirche.

Unten an der Hauptstraße war heute Morgen scheinbar ein großer Markt. An den wenigen verbliebenen Ständen schlendern wir vorbei und betrachten die angebotenen Waren. An einem der Stände steht eine große Anzahl von Kindern Schlange. Als wir näher kommen sehen wir, dass sie alle an einem, bei uns würde man sagen Crêpestand, anstehen. Dort wird ein süßer Teig auf einem heißen Blech dünn aufgetragen, und mit Gemüse und Zwiebel bestreut. Lecker. In der großen Markthalle werden die meisten Stände auch schon aufgeräumt. Wir laufen noch kreuz und quer durch die Hallen, bevor wir zurück zu unserem Guesthouse laufen. Dort trinken wir auf einer kleinen Terrasse vor unserem Zimmer ein kühles Bier und lesen noch ein paar Zeilen. Der Eigentümer unserer Unterkunft kommt auch noch kurz zu einem kleinen Plausch vorbei. Kaum geht die Sonne unter, wird es richtig kühl hier. Nun bemerken wir, dass Kalaw auf etwa eintausenddreihundert Metern liegt. Dies ist auch der Grund, warum die Engländer diesen Ort als Kurort für ihre Truppen aussuchten. So konnten sie dem heißen Klima der tiefer gelegenen Regionen kurz entkommen.

Der Hunger überkommt uns und wir laufen zu dem kleinen nepalischen Restaurant, an dem wir heute Nachmittag bereits vorbeigekommen sind. Wir setzen uns an einen der kleinen Tische vor der Tür und bestellen eine leckere gemischte Gemüseplatte, gekochte Linsen und nepalesisches Brot. Am Tisch neben uns sitzen Gäste aus unserer Unterkunft. Da es auch weit gereiste Leute sind, haben wir Gesprächsstoff ohne Ende. Der Hammer ist, dass sie auf meine Frage, wie lange sie denn noch unterwegs seien, antworten: „Eineinhalb Jahre". Wir bekommen den Mund kaum noch zu. Die Zwei sind in unserem Alter, haben ihre gut bezahlten Jobs in Deutschland gekündigt und haben sich vorgenommen, zwei Jahre um die Welt zu reisen. Nachdem sie in Südamerika angefangen haben, ihnen jedoch die Reisekosten dort zu viel wurden, flogen sie kurzerhand nach Asien und sind nun hier in Burma gelandet. Großen Respekt vor einer solchen Entscheidung. Noch lange sitzen wir zusammen und tauschen unsere Reiseerfahrungen aus. Als jedoch aus der Kühle eine richtige Kälte wird, laufen wir zum Guesthouse zurück. Wir hatten zwar unsere Fleecejacken eingesteckt, jedoch sind wir an den Füßen nur mit Sandalen bekleidet und die Füße sind jetzt richtig kalt.

Kalaw und zurück nach Yangon

Beim Frühstück setzt sich ein Paar aus der Schweiz zu uns an den Tisch. Die Zwei haben ihre Reise hier oben im Norden begonnen und haben all dass, was wir schon hinter uns haben, noch vor sich. Die Zeit beim Frühstück, welches übrigens richtig super schmeckt, vergeht wie im Flug. Als wir dann auf die Uhr schauen erschrecken wir, denn wir wollten uns ja heute Morgen noch etwas das Dorf anschauen. Schnell brechen wir auf und laufen noch etwas in südliche Richtung aus dem Dorf. Sobald wir das Zentrum hinter uns gelassen haben, gibt es keine Häuser mehr aus der Kolonialzeit, sondern nur noch typische Häuser aus Holz mit einem Wellblechdach. Je weiter wir laufen, umso mehr gleicht unser Spaziergang einem Spießrutenlauf, denn jeder hier scheint einen Hund zu haben. Wäre auch kein Problem, wenn diese nichts gegen uns Langnasen hätten. Läuft vor uns ein Einheimischer an einem der Hunde vorbei, passiert rein gar nichts. Kommen wir jedoch nur auf zwanzig Meter ran, wird aus dem friedlich schlafenden Tier ein echter Wachhund, der sein Revier verteidigt. Leicht genervt laufen wir zurück. Trotzdem ist ein Spaziergang hier durch die Straßen nur zu empfehlen. Immer wieder gibt es neue Ausblicke auf die umliegenden Hügel. Leider haben wir keine Zeit mehr länger hier zu bleiben, denn von hier aus kann man schöne Trekkingtouren, bis hinüber zum Inle Lake, unternehmen.

Pünktlich ist unser Fahrer da. Unser heutiger Fahrer scheint alle Schlaglöcher der Strecke hier im Schlaf zu kennen und fährt uns in einem sehr heißen Fahrstil nach Heho zum Flughafen. Dadurch sind wir natürlich viel zu früh da. Im einzigen großen Raum des Flughafens, der Ankunftshalle und Gate in einem ist, lernen wir Laura und Hans-Jürgen aus Deutschland kennen. Ein nettes älteres Ehepaar, welches immer abwechselnd in Südamerika und Asien Urlaub macht. Der Grund sind die Essgewohnheiten von Hans-Jürgen. Als fleischfressende Pflanze ist für ihn ein Urlaub in Südamerika das Paradies, auf welches er nicht verzichten will. Da seine Frau das asiatische Essen mag und beide die asiatische Kultur, pendeln sie zwischen den zwei grundverschiedenen Urlaubsregionen. Da wir noch nicht in Südamerika waren, bekommen wir von ihnen eine Menge Infos und schnell tauschen wir vor dem Abflug noch die Mailadressen aus.

In Yangon kommen wir nun an dem nationalen Flughafengebäude an. Hier herrscht Chaos pur. Sobald wir das Gebäude betreten, werden alle Ausländer angesprochen, dass sie doch ihre Gepäckabschnitte aushändigen sollen. Da mir der gute Mann vor uns alles andere als sympathisch ist und ich ahne, dass er ein Schlepper für ein Taxi ist, weigere ich mich beharrlich, ihm die Zettel zu geben. Der Hammer ist ein Typ, der uns beim Warten aufs Gepäck anspricht, dass er uns für fünfzig Dollar in die Stadt fahren würde. Das wäre ein toller Preis und draußen vor dem Gebäude wäre es noch teurer. Wir bekommen unser Gepäck und laufen durch die vielen Schlepper hindurch vor das Gebäude. Hier kommt nun der nächste Ansturm der Fahrer. Dankend lehnen wir alle Angebote ab und laufen etwas abseits dieses Wirrwarrs. Mit etwas Abstand und Ruhe suchen wir uns hier einen Fahrer, der uns nun auch zu einem vernünftigen Preis in die Stadt fährt. Im Okinawa Guesthouse werden wir begrüßt wie alte Bekannte. Wir beziehen unser Zimmer und beschließen den Abend heute im „Pizza Corner" in der Nähe des alten Marktes. Es tut richtig gut, sich hier in bekannten Gassen zu bewegen. Den Absacker nehmen wir mit anderen Gästen des Okinawas auf dem Bürgersteig vor der Tür ein und fallen dann um neun Uhr todmüde ins Bett.

Letzter Tag in Yangon

Heute lassen wir es recht gemütlich angehen, denn es ist der letzte Tag hier in Yangon und wir haben nicht das Gefühl, dass wir irgendetwas verpassen werden. Nach einem leckeren Frühstück im Guesthouse hält es uns trotzdem nicht mehr, denn wir wollen noch zum Bogyoke Aung San Market. Als wir dort ankommen bemerken wir sofort durch den geringen Betrieb hier auf der Straße, dass wir eventuell Pech haben können mit unserem Besuch. Und tatsächlich, heute ist der Markt leider geschlossen. Macht nichts, denn in der Nähe gibt es noch einen anderen, sehr interessanten Markt, den Theingyi Zei, wo in den Gassen rund um die Markthalle reges Treiben herrscht. Es macht richtig Spaß, hier zwischen den Ständen und durch die Hallen hindurch zulaufen. Einzig in der Hallen der Fleischer halten wir uns nicht sehr lange auf, denn hier riecht es, dass einem bald das Frühstück aus dem Gesicht fällt. Auch ein paar Nager, die vor uns über den Boden huschen, zeigen uns an, dass es im Freien doch viel schöner ist.

Nach so vielen Tagen einfachster Unterkünfte gelüstet es uns mal wieder nach Komfort. Wir laufen hinüber zum Traders Hotel, um in der schönen Lobby einen Kaffee zu trinken und ein Croissant zu essen. Gerade als wir uns in der Lobby hinsetzen, kommt uns ein sehr bekanntes Gesicht entgegen. Es ist Herr Pfeiffer, so ein Zufall. Wir begrüßen uns herzlich und wechseln an einen Tisch, der für drei Personen ausreichend ist. Wir erzählen ihm von unseren Erlebnissen und er möchte von uns auch eine Bewertung des Hotels in Bagan erhalten, dass er für uns organisiert hatte. Ihm liegt sehr viel daran, Informationen und Bewertungen von seinen Kunden zu erhalten, um seine Angebote und Beratungen speziell an die Kundenwünsche anzupassen. Da Herr Pfeiffer jedoch noch einen anderen Termin hat, verabschieden wir uns von ihm und genießen noch etwas die Ruhe und Sauberkeit des Hotels

Da wir noch eine Menge burmesisches Geld haben, laufen wir zu der guten Stube, wo wir zu Beginn der Reise unser Geld gewechselt hatten. Wir werden sofort erkannt, als wir eintreten. Es erfolgt wieder die gleiche Prozedur wie vor drei Wochen. Wir sagen, wie viel wir wechseln möchten und einer wird losgeschickt, das Geld zu holen. Es erfolgt die Übergabe und beide Parteien sind fleißig am Geld zählen. Nur sind wir diesmal schneller fertig, da die Dollarscheine weitaus weniger sind, als die vielen Kyat, die unser Gegenüber zu zählen hat. Wir verabschieden uns und essen im Okinawa Restaurant zu Mittag.

Direkt an der Sule Pagode finden wir ein Taxi, mit welchem wir noch einmal zur Shwedagon Pagode fahren. Wir bleiben den ganzen Nachmittag und genießen die tolle Atmosphäre hier an diesem heiligen Ort. Wieder haben wir Glück mit dem Wetter und über der riesigen, goldenen Pagode spannt sich ein blauer Fotohimmel, der immer besser wird je mehr sich der Tag dem Ende zuneigt. Viele Male laufen wir heute wieder mit den Gläubigen hier im Uhrzeigersinn um die Pagode und bestaunen die vielen Gebäude, Figuren und die tiefgläubigen Menschen hier auf der Plattform der Shwedagon Pagode. Wir können uns gar nicht sattsehen und es fällt uns richtig schwer, uns von dem schönen Anblick zu trennen. Noch dazu wohl wissend, dass wir morgen wieder im Flieger Richtung Heimat sitzen werden.

Richtig wehmütig verlassen wir die Plattform und laufen die vielen Stufen hinunter zu den Taxis. Da wir heute nicht so spät dran sind wie beim letzten Mal, finden wir auch schnell ein Taxi, das uns für einem vernünftigen Preis zurück in die Stadt fährt. Am Bogyoke Aung San Market steigen wir aus und nehmen im Zegwy Café ein Garlic Bread als Appetizer. Als wir weitergehen, kommen wir an einem Schuhgeschäft vorbei. Die jungen Bedienungen haben alle Weihnachtsmännermützen angezogen und haben einen großen Spaß mit uns, als Heike sich für Schuhe interessiert und dann sogar noch zwei Paar kauft. Die Mädels biegen sich vor Lachen und zum Schluss gibt es noch ein Gruppenfoto auf der Treppe vor dem Geschäft. Heike mit vier burmesischen weiblichen Weihnachtsmännern.

Zum Abschluss gehen wir ins APK Thai essen. Wir bestellen leckeres Süß Saures Gemüse und Bratreis. Um uns herum sitzen eine Menge junger Einheimischer, die ihre Freundin zum Essen in dieses Restaurant eingeladen haben. Das Leben hier gleicht dann doch, wenn die Menschen Geld haben, dem Leben der jungen Leute bei uns zu Hause. Durch die Gassen laufen wir zurück zur Sule Pagode und genießen noch einmal den Anblick der hell erleuchteten goldenen Pagode, inmitten der stark befahrenen Hauptstraße. Wie gestern Abend sitzen wir noch lange auf dem Bürgersteig des Okinawa Guesthouses und geben unsere Informationen anderen Reisenden mit, die ihren Trip durch Burma noch vor sich haben.

Zurück nach Hause

Pünktlich um viertel nach zehn hebt die Maschine der Thai Airways vom Flughafen Yangon mit dem Ziel Bangkok ab. Dort werden wir nun drei weitere Tage in sehr bekannten Gefilden verbringen. Denn bei vielen unserer Reisen in Südostasien sind wir in Bangkok gestartet, oder haben die letzten Tage vor dem Heimflug dort verbracht. Wir werden bei unserem Lieblingsthailänder, einer kleinen Brutzelbude am Chang Pier essen, unsere Füße in dem Massagesalon vor unserem Hotel bearbeiten lassen und wir werden mit den Fähren den Chao Phraya hoch und runterschippern.

Während des Fluges haben wir ausreichend Zeit, unsere Reise noch einmal Revue passieren zu lassen und uns an Land und Leute zu erinnern …

Es war eine wundervolle Reise durch ein Land mit sehr liebenswürdigen Menschen. Viele von ihnen haben uns so viel mitgegeben, ohne selbst viel zu besitzen. Ein Lächeln ist doch viel mehr wert als vieles, was man mit Geld kaufen kann.

Danken möchten wir:

- Thandar, die uns so nett empfangen und uns über die Tage in Mandalay begleitete. Geduldig hat sie sich den vielen Fragen von uns gestellt und uns immer bereitwillig Auskunft gegeben. Wir wünschen ihr, dass sie ihren Weg geht und ihre Kontakte nach Deutschland nutzt, für sich selbst und vor allen Dingen, für die weitere Zukunft der Klosterschule.

- Herrn und Frau Runge, die den Kontakt zu der Klosterschule hergestellt hatten. Wir hoffen, dass unsere Hilfe ankam und unsere Anregungen von den Menschen angenommen wurden und so die Trinkwassersituation in der Schule verbessert werden konnte.

- den vielen Menschen, die uns so nett aufgenommen haben und mit denen wir so interessante Gespräche geführt haben.

- Herrn Pfeiffer für den netten Kontakt, die vielen Infos und die vielen Mails, die er uns so bereitwillig beantwortet hat.

- Thai Airways, die uns trotz des Fehlers im Visum mitfliegen ließen und so für das Gelingen unserer Reise wesentlich beigetragen hat.

- Elke Seib, die wieder so nett war und wie bei unserem letzten Buch, die Korrektur des Manuskripts übernommen hat.

Kleine Infosammlung:

Links im Internet:

Unsere eigene Homepage mit weiteren Infos:
http://hb-travelreports.de

Förderverein Help Myanmar e.V.:
http://www.help-myanmar.org

Ein Forum über Burma:
http://www.myanmar-guide.de

Botschaft Burmas:
http://www.botschaft-myanmar.de

Herr Pfeiffers Reisebüro in Yangon:
http://fascinating-land-travels.com/german

Peacock Lodge in Mandalay:
http://www.lesdunning.eu/peacock2/peacocklodge.htm

Auswärtiges Amt:
http://www.auswaertiges-amt.de

Reiseberichte aus aller Welt:
http://www.reiseberichte.com
http://www.reisetraeume.de/reiseberichte

Bücher / Lesenswertes:

- „Der Glaspalast" von Amitav Ghosh
- „Pilgerreise in Myanmar" von Ma Thanegi

Noch mehr Fernweh ?

"**Ladakh - Trekking im indischen Himalaya**" ist ein Reisebericht durch eines der abgelegensten Gebiete der Welt. Eine Region, die nur über fünftausend Meter hohe, abenteuerliche Pässe zu erreichen ist. Das Buch ist kein Ersatz für einen Reiseführer, sondern schildert die vielen Eindrücke und Erlebnisse unserer Reise durch Ladakh.

Wo fahrt Ihr hin?
Dies war die Standardfrage als uns Freunde nach unserem Reiseziel fragten. Ladakh liegt im Norden Indiens, tief im Himalaya. Durch seine Abgeschiedenheit hat sich dort eine einmalige Kultur erhalten.

Drei Wochen dauerte unsere Reise. Über das hektische Delhi flogen wir nach Leh, der Hauptstadt von Ladakh, welche auf 3500 Metern liegt. Die ersten Tage der Akklimatisierung nutzten wir zur Besichtigung der alten Klöster im Industal. Ein Highlight war das farbenfrohe Klosterfest in Hemis mit seinen Maskentänzen.

Während des anschließenden Trekkings von Likir nach Tingmogang übernachteten wir in Homestays, d.h. bei den Menschen zu Hause. Wir erlebten die totale Gastfreundschaft und das schwere Leben in diesem rauen Land.

Nach dem Trekking fuhren wir mit dem Jeep über den höchsten befahrbaren Pass der Welt, den Kardong La (5604m) ins Nubra Tal...

Autor: Markus Borr und Heike Hoppstädter-Borr
Broschiert: 96 Seiten
Abbildungen: 12 Fotos
Verlag: Books on Demand GmbH
ISBN-10: 3833498455
ISBN-13: 978-3833498459
Preis: 12,50 Euro